The Livable and the Unlivable

The Livable and the Unlivable
Judith Butler and Frédéric Worms

살 만한 삶과
살 만하지 않은 삶

The Livable and the Unlivable

주디스 버틀러
프레데리크 보름스

조현준 옮김

문학과지성사

옮긴이 조현준

경희대학교 후마니타스칼리지 교수. 지은 책으로 『젠더는 패러디다』
『영화로 읽는 페미니즘 역사』 『쉽게 읽는 젠더 이야기』 『개인의 탄생』 등이 있고,
옮긴 책으로 『안티고네의 주장』 『젠더 트러블』 『젠더 허물기』 『젠더 정체성은
변화하는가?』 등이 있다. 최근 연구 주제나 관심사는 이성의 폭력성을 벗어날
가능성으로서의 감정 연구, 젠더에 대한 백래시로서 반젠더 이데올로기, 자본주의
시대 개인과 공동체의 공존 방식 등이다.

채석장
살 만한 삶과 살 만하지 않은 삶

제1판 제1쇄 2024년 12월 26일

지은이 주디스 버틀러, 프레데리크 보름스
옮긴이 조현준
펴낸이 이광호
주간 이근혜
편집 최대연 김현주 홍근철
마케팅 이가은 최지애 허황 남미리 맹정현
제작 강병석
펴낸곳 ㈜文學과知性社
등록번호 제1993-000098호
주소 04034 서울 마포구 잔다리로7길 18 (서교동 377-20)
전화 02)338-7224
팩스 02)323-4180(편집) 02)338-7221(영업)
대표메일 moonji@moonji.com
저작권 문의 copyright@moonji.com
홈페이지 www.moonji.com

ISBN 978-89-320-4341-8 93300

차례

일러두기

이 책은 주디스 버틀러와 프레데리크 보름스의 대담집 *The Livable and the Unlivable*(Fordham University Press, 2023)을 우리말로 옮긴 것이다. 이 책은 처음 프랑스에서 *Le vivable et l'invivable*(PUF, 2021)으로 출판되었고 이후 영어판을 내면서 "후기"라는 제목의 대담이 추가되었다.

첫번째 대담 "살 만한 삶과 살 만하지 않은 삶"은 2018년 4월 프랑스 파리에서 프레데리크 보름스와 주디스 버틀러가 나눈 대담이며, 두번째 대담 "후기"는 코로나가 한창이던 2022년 4월 프랑스 파리에서 두 사람이 다시 만나 나눈 대담이다. "후기"는 영어판에만 실려 있다.

서문

"이건 사는 게 아니에요." 2018년 3월, 2천 명 가까운 이주민들이 운하 제방을 따라, 순환 고속도로변에, 또 고속도로 다리 아래에 흩어져 있는 파리 북부의 임시 캠프에서 살고 있었다. 그들은 텐트에서 자거나 아니면 겨우 담요만 몇 장 덮고 잠을 잤고, 합당한 식량 배급과 물 공급이 결핍된 채로 극심한 박탈의 상황을 견디고 있었다.

"이건 사는 게 아니에요." 그들이 처한 상황을 한탄하며 이렇게 말하는 것도 당연하다. 이것은 사는 게 아니지만 그래도 사는 것이다. 살 만한 삶이라고 할 수는 없지만 이런 삶도 역시 살게 되기 때문이다. 즉 이런 삶은 살 만하지 못한데도 **살아 있는**living 삶이다. 주디스 버틀러가 말했듯, "바로 이런 이중적 의미가 이런 삶도 아직 소멸되지 않았으며, 바로 **살아 있다**는 이름으로 끈질기게 정식으로 요구하고 주장한다는 것을 보여준다."[1] 즉 그 삶의 지속적 존재와 활동을 위해 꼭 필요한 조건이 지금 여기서 확보되어야 한다는 것이다. 프레데리크 보롬스는 생존으로 환원할 수 없는 "생기적vital 환대"

1   Judith Butler, *The Force of Non-Violence: An Ethico-Political Bind*, London: Verso, 2020, p. 196.

가 필요함을 우리에게 일깨워준다. 이러한 상황에 적절히 대응하려면 "인간과 삶 사이의 모든 관계 영역에서만이 아니라 법droit의 영역에서도 절대적 최소치를 우선 보장해주는 인간 사이의 최소한의 권리droit를 확립"[2]해야 한다.

그리하여 버틀러는 우리가 살 만하지 않은 삶에 대해 말하는 것이 "살 만하지 않은데도 살게 된다는 개념적 모순"에 대해 말하는 것이라고 주장하면서 이러한 모순을 사회적, 정치적 비판의 도구로 전환한다. 이런 모순적 삶을 살 만하지 않다고 기술하는 것은, 삶을 이런 식으로 살게 되어선 안 된다고 주장하는 것이다. 다시 말해 그들이 처한 수치스러운 상황을 비난하는 것이고, 또한 그 상황을 바로잡을 긴급한 필요성을 표명하는 것이다.

이것이 바로 2018년 4월 11일 파리 고등사범학교ENS에서 주디스 버틀러와 프레데리크 보름스가 대화를 나누게 된 배경이다.[3] 이들의 대화는 맨 처음 2015년 고등사범학교에서 시작되어 그 이듬해로 이어진 공동의 성찰을 계속한 것이고,[4] 이후 이 대화는 캘리포니아 대학교 버클리 캠퍼스에

---

2   Frédéric Worms, *Pour un humanisme vital. Lettres sur la vie, la mort et le moment présent*, Paris : Odile Jacob, 2019, Lettre 43, p. 271.

3   이 대화는 지식공화국 리서치 및 서비스 그룹 3608의 회원인 국제 현대 프랑스 철학연구센터CIEPFC의 후원하에 파리 고등사범학교에서 진행되었다.

4   녹음본은 "Savoirs ENS" 웹사이트에서 "Penser avec Judith

서 재개되었다.[5] 두 사상가는 자신들의 철학적 접근 방식을 비교하며, 이런 중대한 비상사태를 전환해서 정치적 행동을 위한 새로운 규범을 창조하는 확실한 주장으로 바꿀 가능성을 환기한다. 그것은 바로 모든 사람에게 살 만한 삶의 조건을 확보해야 한다는 주장이다.[6]

Butler"(주디스 버틀러와 함께 생각해보기)라는 제목으로 찾아볼 수 있다.

5   모임의 제목은 "오늘날의 삶: 비판적 생기론의 필요성"이며, 이 모임은 UC 버클리의 비판 이론 프로그램에서 조직했다.

6   이 책이 나오는 데 기여한 클레르 마랭Claire Marin에게 깊이 감사드린다.

머리말

아르토 샤르팡티에, 로르 바리야스

오늘날 살아 있는 삶[1]의 철학은 비판적 사회정치 철학에 어떤 자원을 제공할 수 있을까? 이 질문은 주디스 버틀러와 프레데리크 보름스가 2018년 4월 파리 고등사범학교에서 나눈 대화의 기저를 이룬다.[2] 살 만한 삶과 살 만하지 않은 삶이라는 공통의 주제를 두고 벌어진 두 학자의 토론은 그들의 연구가 어떻게 서로 반대 방향에서 시작되어 전개되어왔는지 밝혀준다. 프레데리크 보름스는 베르그송Henri Bergson과 캉길렘Georges Canguilhem을 읽으며 깨달은 삶에 대한 철학적 성찰에서 출발해 "비판적 생기론critical vitalism"[3]의 토대를 마련했

1   〔옮긴이〕살아 있는 삶the living은 정태적이고 추상적인 실존existence보다 더 능동적이고 구체적인 몸의 생명성과 연관되며, 생명이나 삶을 의미하는 life에 비해 지금 살아 활동 중인 삶, 살아 있는 자의 실제 생명 활동이 일어나는 현재 진행 중인 삶을 강조하려고 쓰는 말로 보인다.

2   이 대화는 프랑스퀼튀르France Culture의 "생각할 거리Matière à penser" 프로그램(2018년 5월 14일 방영)을 위한 라디오 인터뷰가 있던 날 해당 녹음을 마친 후에 이루어졌다.

3   Frédéric Worms, "Qu'est-ce qui est vital," *Bulletin de la Société Française de Philosophie*, 2007; Frédéric Worms, "Pour un vitalisme critique," *Esprit*, no. 1, January 2015, pp. 15~29 참고.

10

는데, 비판적 생기론에서 돌봄은 그가 정치적, 나아가 국제정
치적 사고를 하는 데 중추적 역할을 한다. 헤겔과 푸코의 영
향을 받은 주디스 버틀러는 사회적, 정치적 규범 비판 및 규
범의 예속화 효과 비판에서 출발했고[4] 인간 삶의 위태로움을
연구하면서 이 논의를 더 발전시켰다. 이러한 연구는 오늘날
살아 있는 몸의 사회적 존재론이라고 불리는 것으로 이어졌
다.[5] 보름스는 살아 있는 삶에서 사회적인 것으로, 버틀러는
사회적인 것에서 생기적인 것으로 향하는데 이들이 삶과 권
력이라는 공통의 문제에서 어떻게 교차하는지가 특히 우리
가 천착했던 부분이다.

　살 만하지 않은 삶에 관한 두 사람의 대화는 이런 수렴점
을 전면에 부각한다. 두 사람 모두에게 사회적, 정치적 비판
행위는 몸에, 또 몸의 긴급한 요구에 근거한다. 두 사람 모두
최근 저작[6]에서 삶에 대한 실존적 개념으로부터 멀어지고 있

4　　Judith Butler, *Gender Trouble: Feminism and the Subversion of
　　　Identity*, New York: Routledge, 1990; Judith Butler, *Undoing Gender*,
　　　New York: Routledge, 2004 참고.

5　　특히 Judith Butler, *Frames of War: When Is Life Grievable?*,
　　　London and New York: Verso, 2016; Judith Butler, *Notes Toward a
　　　Performative Theory of Assembly*, Cambridge, MA: Harvard University
　　　Press, 2018 참고. 생명의 사회적 존재론을 다룬 최근 논의로는
　　　영어로 출간된 다음 책의 후기를 참고. Judith Butler, *The Force of
　　　Non-Violence: An Ethico-Political Bind*, London: Verso, 2020.

6　　Judith Butler, *Rassemblement*, Paris: Fayard, 2016; Judith Butler,
　　　The Force of Non-Violence; Frédéric Worms, *Les maladies chroniques*

는 이유는 분명 몸과 맺는 관계 면에서 "실존"은 "삶"이나 "살아 있음"보다 더 거리감이 있는 반면 긴급함은 덜하기 때문이다. 따라서 보름스와 버틀러의 저작에서 정치적 성찰은 삶의 철학과 묶여 있다. 이들이 비록 시몬 베유[7]처럼 몸과 영혼의 필수 사항이라는 목록을 제시하는 것은 아니지만, 그럼에도 정치의 지침이 될 만한 규범의 염원을 공식화하는 것은 분명하다. 모든 살아 있는 인간에게 (그 삶이 어떤 것이어야 할지를 미리 규정하지 않으면서) 살 만한 삶의 조건을 보장하고자 하는 염원 말이다.

그러나 사회정치적 비판의 규범적 기준으로 살 만한 삶과 살 만하지 않은 삶을 구분하자마자 두 사람은 여러 질문을 마주해야 한다. 우리는 살 만한 삶과 살 만하지 않은 삶을 어떻게 구분하는가? 이런 구분을 하는 데 어떤 기준을 사용해야 하는가? 그리고 그 기준으로 택한 것을 어떻게 정당화할 것인가? 이것은 두 사람의 것과 같은 철학적 제스처에서 쟁점이 되는 중요한 문제이다. 즉 그들이 사회정치적 비판의 기

---

de la démocratie, Paris : Desclée de Brouwer, 2017 ; Frédéric Worms, *Pour un humanisme vital*, Paris : Odile Jacob, 2019 등 참고.

7   〔옮긴이〕 Simone Weil(1909~1943) : 20세기 프랑스의 유대계 철학자, 사회학자, 사회운동가, 종교학자, 작가로 사회적 정의와 억압, 인간의 고통과 영적 구원, 몸과 육체노동에 관심이 깊었다. 제2차 세계대전 중 영국으로 망명한 뒤 영양실조와 결핵으로 젊은 나이에 사망했다. 그의 죽음은 전쟁에 대한 고통과 죄책감을 견디지 못한 결과로 해석되기도 한다.

반을 살 만한 삶과 살 만하지 않은 삶의 구분에 두는 순간, 그 구분이 이루어진 근거를 구체적으로 밝혀야만 한다.

따라서 우리는 버틀러와 보름스의 독특한 사회정치 철학이 어떻게 그들을 삶과 관련된 여러 질문에 참여하게 만들었는지, 더불어 살아 있는 인간에 대한 성찰이 어떻게 다시 두 사람의 사회정치 철학에 현대 세계가 나아갈 방향을 찾을 자원을 제공해주는지 살펴봄으로써, 이 대화를 그들의 사유가 발전하는 과정 속에 두려고 한다.

생기적인 것에서 사회적인 것으로:
양극성과 돌봄 사이에 있는 프레데리크 보름스의
비판적 생기론

프레데리크 보름스의 "비판적 생기론"이란 무엇이며, 비판적 생기론은 어떻게 **비판적**critical 사회정치 철학을 수반하는가?

베르그송과 캉길렘의 생기론을 계승한 보름스의 철학은 프로이트와 위니콧Donald Winnicott의 정신분석학과 돌봄 윤리에 동등하게 기초를 두고 있다. 즉 살아 있는 인간의 관계를 사고하는 모든 연구에 기초를 둔다고 할 수 있다. 보름스의 주요 관심은 인간이 맺는 도덕적이고 정치적인 관계에서 생기적인 것의 중요성을 이해하는 것이다. 보름스가 사용하는 방법은 비판critique인데, 그는 여기에 세 가지 의미를 부여한다.[8] 첫째, 보름스는 비판을 **거부**라고 생각한다. 이는 그가 비샤[9]의 전통에 따라 생명이란 죽음에 저항하는 것이라고 규정하기 때문이다. 둘째, 그는 비판을 **식별**로 생각한다. 우리는 살아 있는 존재들 간의 차이를 통해서만 생명을 알 수 있기 때문이다. 마지막으로 그는 비판을 **성찰성**으로 생각한다. 생기적인 것이 무엇인지 이해하기 위해 윤리적이고 정치적인 기준을 추구하기 때문이다.

비판적 생기론은 **양극성**과 **돌봄**이라는 두 가지 핵심 개념을 중심으로 설명된다. 비판과 마찬가지로, 양극성도 캉길렘의 저서와 직접적으로 관련이 있다. 『정상적인 것과 병리적인 것』에서 캉길렘은 가치의 내재적 위치라는 의미에서 생명을 **비판적** 활동으로 정의한다.[10] 캉길렘에게 살아 있는 유기체는 근본적으로 규범적인 존재이며, 그 역동적인 반응성을 통해 생명 지속에 도움이 되는 조건과 생명 활동에 해로운

---

8   Judith Butler, *Rassemblement*; Judith Butler, *The Force of Non-Violence*; Frédéric Worms, *Les maladies chroniques de la démocratie*; Frédéric Worms, *Pour un humanisme vital*.

9   〔옮긴이〕 Marie François Xavier Bichat(1771~1802): 18세기 프랑스의 해부학자, 생리학자, 의학자로 현대 병리학의 창시자로 알려져 있다. 인간의 몸을 여러 개의 조직으로 분류했고 각 조직이 서로 다른 기능을 가지고 있다고 주장했다.

10   Georges Canguilhem, *The Normal and the Pathological*, Brooklyn, NY: Zone Books, 1991〔1943〕.

조건 사이에 양극성을 형성한다. 생명 지속에 도움이 되는 조건은 긍정적인 생명 가치를 부여받고, 생명 활동에 해로운 조건은 부정적인 가치를 부여받는다. 캉길렘에 따르면, 모든 살아 있는 존재에는 규범성(규범을 세울 가능성)이 내재되어 있다. 보름스의 "비판적 생기론"은 캉길렘의 유산을 계승하고 확장한다. 즉 철학적 성찰은 이런 생명의 규범성도 자신의 기준으로 받아들여야 한다고 보름스는 주장한다. 사회정치적인 문제와 정면으로 맞설 때도 마찬가지이다.

따라서 비판적 생기론은 삶이 하나의 물질이나 원리로 환원될 수 없는 긴장의 영향을 받아서 양극화된다고 파악한다. 보름스에게 **생기적인 것**the vital은 베르그송의 생명의 충동보다는 생명의 최소치에 가까운 것으로, 삶을 살 만하게 만드는 "생명의 최소한도vital minima"를 사회정치적으로 보장하는 것이다. 보름스는 비판 행위의 구조가 되는 세 가지 주요 양극성을 열거한다. 이때 세 가지 양극성이란 삶과 죽음 사이, 애착과 침해 사이, 그리고 돌봄과 권력 사이의 양극성이다. 이러한 양극성은 "생명**과 다른 어떤 것** 사이에 있는 외적인 것이 아니라 생명 내적인 것이며, 생명 **그 자체와** 동질적인 것이다."[11] 실제로 모든 생명체는 유한하고, 어떤 애착 관계도 폭력과 침해의 위험에서 면제되지 않으며, 모든 돌봄 실천

11   Frédéric Worms, "La vie dans la philosophie du XXe siècle en France," *Philosophie*, vol. 109, no. 2, 2011, pp. 74~91.

은 권력의 역학관계에 스며들어 있다. 그래서 생명의 규범성에 충실한 비판적 생기론자들은 생명, 애착, 돌봄에 단호히 찬성하는 입장이지만, 이러한 긴장이 구성적인 것이라서 피할 수 없다는 것도 인정한다. 비판 개념과 마찬가지로 양극성 개념도 양가성을 불러오는데, 이러한 양가성은 모든 생명 현상에 내재해 있고 그런 양가성에 돌봄이 응답한다.

비판적 생기론은 살아 있는 삶의 사회적 관계를 이해하는 데 특히 돌봄 개념을 사용한다. 돌봄은 돌봄의 윤리에만 국한되는 것도, 도널드 위니콧이 발전시킨 안아주기 이론에 국한되는 것도 아니다. 특히 캐럴 길리건Carol Gilligan의 돌봄 이론은 타인에게 관심을 가질 필요, 타인을 돕고 지원하려는 의지가 정의justice에 관한 이론에서 주변적인 게 아니라 중심이 되어야 한다고 반복해서 말한다. 위니콧은 "업어주기 carrying" "안아주기holding" "세상에 내보이기presenting to the world" 등의 행위를 통해 주체를 등장시키는 심리적 차원과 정치적 차원을 포함해서, 돌봄의 모든 측면을 고려해야 한다고 주장한다.[12]

보름스는 위니콧의 영향을 받아, 캉길렘의 생명성과 유한성의 양극성에다가 창조와 파괴의 양극성을 추가한다. 보

12   이 주제에 관해 더 살펴보려면 보름스의 다음 논문을 참고. Frédéric Worms, "À quel soin se confier?" in Claire Marin(ed.), *À quel soin se fier? Conversations avec Winnicott*, Paris : PUF, 2015, pp. 37~48.

름스는 그의 생기론이 갖는 비판적 특성 때문에 관계를 창조적이거나 지원적인 것으로 보는 만큼 파괴적이거나 지배적인 것으로도 본다. 보름스는 돌봄을 "주체적이고, 나아가 주체성을 창조하는 사람들 사이의 관계"(이런 관계가 없이 우리는 개인이 될 수 없다)라고 정의한다. 돌봄은 도덕적이면서 사회적인 관계이며, 그렇기에 이미 정치적인 관계이다. 즉 돌봄은 세상과의 관계이고, 똑같이 자연적이면서 문화적이고, 생태적이면서 정치적인 세상에 대한 관심이기도 하다."[13] 그가 돌봄에 대해 발전시킨 사회정치적 사고는 의료 관계나 부모-자식 관계의 틀을 넘어서며, 정의에 관한 새로운 윤리-정치적 성찰을 요청한다. 돌봄은 구조rescue이고 지원이지만, 인정받아야 하는 **권력**이자 비판받아야 하는 **업무**work이기도 하다.

그러니 당연하게도, (지원, 업무, 연대, 관심 등) 어떤 형태이건 간에 돌봄이 없으면 삶은 살 만하지 않은 것이 된다. 돌봄의 가능성이 돌봄을 지탱하는 정치적이고 사회적인 제도를 의미하는 한, 그것은 삶이 살 만한가를 보여주는 첫번째 기준이다. 돌봄이 없는 삶은 생존이 위태로워진 몸, 손상된 주체성, 허물어진 정의의 원칙, 세상에 대한 관심의 차단이다. 보름스는 돌봄과 정치를 연결하는 깊은 연대를 "돌봄

---

13   Frédéric Worms, *Soin et politique*, Paris : PUF, 2012, p. 5.

을 위한 돌봄, 지원을 위한 지원, 인정 관계의 인정, 권력관계에 대한 권력"[14]이라고 설명한다. 이로써 그가 돌봄과 민주주의를 연결하는 지점이 전면에 부각된다. 즉 그의 전망 속에서 돌봄은 민주주의 원칙의 수호로 확대되고 정의와 세계에 대한 당대의 관심 속에 생태학과 세계정책의 범위까지도 떠맡게 된다.

주디스 버틀러의 위태로운 삶과 사회 비평 : 사회적인 것에서 생기적인 것으로, 그리고 다시 사회적인 것으로

버틀러는 그와 반대 방향에서 살아 있는 삶의 문제에 접근한다. 즉 버틀러의 접근법은 살아 있는 몸에 미치는 권력과 사회 규범의 영향에 대한 사회정치적인 고찰로서 이를 통해 버틀러는 삶의 문제를 성찰하는 쪽으로 나아간다.

버틀러는 젠더에 관한 초창기 저서[15]에서부터 특정한 사회 규범이 어떻게 개인만이 아니라 집단 전체를 사회적 인정의 가능성에서 배제하는지, 그래서 어떻게 살 만한 존재를 영위하는 데 꼭 필요한 사회적 수단을 박탈하는지 보여주려 했

---

14   같은 책, p. 43.

15   Judith Butler, *Gender Trouble*; Judith Butler, *Undoing Gender* 참고.

다. 실제로 버틀러에 따르면, 지배적 사회 규범에서 배제된 사람은 상징적, 도덕적 자격을 박탈당할 뿐 아니라, 더 큰 사회적, 경제적 형태의 불안정성과 더 높은 폭력과 상해의 위험 앞에 이들을 노출시키는 다양한 형식의 차별을 당하게 된다.

삶의 위태성precarity에 대한 성찰은 젠더의 사회적 규제에 관한 초기 연구에도 내포되어 있지만, 이후에 더 발전되고 확장되었다.[16] 위태성이라는 개념을 통해 버틀러는 특정 인구 집단이 적극적으로 지원과 옹호와 보호를 받는 반면, 다른 집단은 고통과 질병, 폭력, 죽음의 위험에 내버려지거나 고의로 노출되는 사회적 과정을 설명하고자 한다. 이러한 위험은 단순히 자연 사망률의 문제가 아니며, 그 시대의 사회가 인간에게 부여하는 여러 다른 가치를 드러내는 사회적이고 정치적인 역학 관계의 결과이다. 버틀러에게 있어 모든 생명은 위태롭지만, 어떤 생명은 다른 생명보다 더 위태롭다. 그리고 모두가 공유하는 실존적 조건으로 이해되는 **위태로움**precariousness과, 특정한 인구 집단을 다른 위험에 놓이게 만들어 그들의 기대수명을 위험에 처하게 만드는 사회적, 정치적 과정인 **위태성**precarity을 깔끔히 분리하기란 불가능하다.[17]

16   Judith Butler, *Precarious Life: The Powers of Mourning and Violence*, London: Verso, 2004; Judith Butler, *Frames of War: When is Life Grievable?*, London: Verso, 2010 참고.

17   여기서 기대수명이라는 개념은 일반적인 인구통계학 의미의 평균수명만이 아니라 심리적이고 실존적인 의미에서도 이해해야

버틀러는 살아 있는 몸과 그 몸을 공적 영역 바깥에 보존하는 조건과 관련된 모든 배제에 (또 그런 조건을 사적인 영역, 어쩌면 무정치적인 영역으로 강등하는 것에) 원칙적으로 반대한다. 오히려 그는 "몸의 의존과 욕구, 배고픔, 주거지의 필요성, 부상과 파괴 앞의 취약성, 우리를 살게 하고 번영하게 할 사회적 신뢰의 형태, 우리의 존속과 관련된 열정, 이 모든 것이 분명 정치적인 문제"[18]라는 것을 인정하라고 요청한다.

이러한 주장은 위태성에 반대하는 최근의 대중 동원에서 잘 드러나는데, 이는 『연대하는 신체들과 거리의 정치』에서 분석하고 있다. '월스트리트를 점령하라Occupy Wall Street'에서 '흑인의 생명도 소중하다Black Lives Matter,' 그리고 젠더 폭력에 반대하고자 모인 대중 동원까지 이런 운동들은 방법과 목표가 다양하다. 하지만 이들에게 공통되게 나타나는 것

한다. 즉 여기서의 기대수명은 자신감을 갖고 자신을 미래로 투사하며 살아갈 능력을 뜻하거나, 버틀러의 표현대로 "개인의 삶에 대한 지속적 감각, 어떻게 삶을 견디고 사는지, 또 어느 만큼의 고통, 살 만함, 희망이 있는지에 대한 지속적 감각"을 뜻한다(Judith Butler, *Notes Toward a Performative Theory of Assembly*, p. 20). 기대수명이 인간의 삶에 놓인 불평등한 사회적 가치를 어떻게 반영하는지에 대한 통합적 분석을 보려면 다음을 참고. Didier Fassin, *Life: A Critical User's Manual*, Cambridge, U.K.: Polity, 2018.

18   Judith Butler, *Notes Toward a Performative Theory of Assembly*, p. 117.

은 이들의 요구가 "살아 있는 몸의 이름으로, 살 권리가 있고 지속될 권리가 있으며 번영할 권리도 있는 몸의 이름으로" 정식화된다는 점이다. 따라서 이들은 "살 만한 삶"에 관한 문제를 정치의 최전선에 둔다.[19]

정치는 삶의 사회적 조건이라는 긴급한 문제를 벗어날 수 없고, 버틀러는『위태로운 삶』이후로 살아 있는 존재로서의 우리의 조건이 제공하는 철학적 통찰을 얻기 위해 그런 조건을 주저함 없이 탐구해왔다.『전쟁의 프레임들』에서는 몸의 "사회적 존재론"을 제시하는데, 이를 통해 몸으로 체현된 우리의 존재가 놓여 있는 관계적 조건을 설명하고자 한다.[20] 버틀러에게 살아 있는 인간은 (그리고 아마 살아 있는 존재 일반은) 필연적으로 "외부" 또는 "너머"에 있다는 의미에서, 언제나 **탈존적**ex-static이다.[21] 즉 인간이 지속되고 활동할 조건을 제공하는 일련의 이질적 관계들이 지탱해주지 않는다

19   같은 책, p. 17.
20   Judith Butler, *Frames of War*, London : Verso, 2009, p. 3.
21   〔옮긴이〕 탈존은 탈정태ex-stasis, 탈존재out of existence의
     의미를 담고 있다. 우리는 하나의 세계에 홀로 닫혀 있는 완전한
     주체라기보다는 연대, 의존, 돌봄, 감정적 유대 등 타인이나
     외부와 맺는 관계 속 변화에 열려 있는 불완전한 주체라서
     정태적이기보다는 동태적이고, 존재적이기보다는 탈존적이기
     때문이다. 황홀감ecstasy도 주체 너머의 관계에서 온다. 이렇게
     탈정태, 탈존재, 황홀감과 연결되는 탈존은 정신과 이성보다는
     몸과 감정을 가진 주체의, 상호의존성과 취약성에 입각한 공통
     연대를 주장하는 버틀러의 후기 연구에서 핵심 개념 중 하나다.

면, 살아 있는 인간은 생존할 수 없고 번영할 수 없다.[22] 따라서 버틀러에게 있어 **사회적** 존재론에 대해 말한다는 것은, 살아 있는 몸을 물질적 조건, 인프라라는 조건, 상호주체적 조건, 그리고 더 일반적으로는 사회적, 환경적 조건과의 관계 속에 두는 것이며, 그런 조건이 없다면 살아 있는 몸이 생존하거나 번영하기를 바랄 수 없다.

따라서 살아 있는 삶에 대한 버틀러의 철학적 성찰은 사회정치적 비판을 지지하고 뒷받침한다. 『비폭력의 힘』에서 버틀러는 취약성과 상호의존성을 우리 살아 있는 존재의 구성적 특질로 긍정하고, 그로부터 비롯된 윤리-정치적 의무에 대해 설명한다. 궁극적으로 버틀러가 정치 행위의 규범으로 작용해야 한다고 생각하는 비판적 요건은 다음과 같다.

> 살 만한 삶의 조건을 확보해야 하며, 그것은 평등주의의 토대에서 이루어져야 한다. 이는 식량, 주거지, 직업, 의료 서비스, 교육, 이동할 권리와 표현의 자유, 부상의 압박으로부터의 보호 등 위태로움을 최소화하기 위해 평등주의의 방식으로 기본적인 지원을 제공해야 할 적극적 의무를 말한다.[23]

22   Judith Butler, *Notes Toward a Performative Theory of Assembly*, p. 110.
23   같은 책, pp. 21~22.

살아 있는 삶의 민주주의

보름스와 버틀러는 서로 반대편에서 출발했지만, 두 사람의 사회정치적 성찰이 살아 있는 삶의 사회철학에 입각해 있다는 점에서 둘은 일치한다. (이 철학이 **사회적인** 것은 살아 있는 삶을 그 지속과 활동의 조건이 되는 역사적으로 특정한 사회적 관계 및 제도의 배치와 떼어낼 수 없다는 의미에서다.) 두 사람 모두 "서로에 대한 우리의 상호의존성"은 "모두의 대중적 조직"[24]을 필요로 한다고 생각하는데, 그것은 모든 사람에게 살 만한 삶의 조건을 보장하는 일련의 사회적, 경제적, 정치적 조건과 제도를 말한다. 두 사상가는 이런 요건이 민주주의를 규정한다고 주장하며, 이런 민주주의는 단지 정치 체제가 아니라 삶의 한 형태로 더 넓게 이해된다.

『연대하는 신체들과 거리의 정치』에서 버틀러는 인간의 삶에서 급진적 평등의 조건이 없다면 진정한 민주주의도 없으며, 뒤집어 말하면 민주 정부의 일차적 책임은 그런 평등의 조건을 보장하고 강화하는 것이라고 주장한다.[25]

보름스는 "생기적 민주주의vital democracy"에 대해 이야기한다. 그는 "민주주의는 생명과 같다"[26]고 주장한다. 민주

---

24   Frédéric Worms, *Soin et politique*, p. 16.

25   Judith Butler, *Rassemblement*, p. 89.

26   Frédéric Worms, *Les maladies chroniques de la démocratie*, 서문 참고.

주의는 정치적인 정부의 한 형태일 뿐만 아니라 무엇보다 모든 인간관계에 반드시 스며들어 있는 도덕적이고 사회적인 염원이라는 것이다. 돌봄이 있기 위해 민주주의가 필요하다면, 민주주의는 생명과 관련된다. 실제로 돌봄을 통해 우리는 "한 사람만이 아니라 이 세상을, 소수의 사람이 아니라 각각의 사람과 모든 사람을, 그리고 전 세계를 지탱할 것이다."[27] 민주주의는 돌봄과 마찬가지로 주체가 주체로 존재할 가능성을 보장해주고, 주체의 관계적 차원을 지원해주며, 주체를 위협하는 침해를 막아줄 보루의 역할을 하는 유일한 정치적 프레임이다. 다시 말해, 민주주의와 돌봄의 공통점은 평등과 정의라는 이중의 요건이다.

따라서 민주주의는 생명에 동등한 존엄성을 부여하고, 생존하고 번영할 수 있도록 동등한 지원을 해주는 체제이다. 그러나 보름스는 돌봄이 학대로 변할 수 있듯, 민주주의도 삶을 살 만한 것이 못 되게 만들 수 있다고 주장한다. 그는 이를 "민주주의의 고질병"이라고 부르는데 그것은 바로 냉소주의, 인종주의, 극단적 자유주의ultraliberalism로서 누군가가 자신의 삶을 자신의 것으로 살아가는 데 꼭 필요한 조건을 빼앗는 것이다.[28] 따라서 민주주의에 내재한 양극성은 이러한 퇴보와 침해라는 지속적 위험이 되고 우리는 끈질기게 그에 맞서

---

27   Frédéric Worms, *Revivre*, Paris : Flammarion, 2012, p. 309.

28   Frédéric Worms, *Les maladis chroniques de la démocratie*.

싸워야 한다.

마지막으로, 보름스는 자신의 비판적 생기론을 바탕으로 민주주의의 가치를 재검토해볼 것을 제안한다. (생기적 상호의존성에 대한 인식으로서 우리에게 의무라고 생각되는) 박애는 생명 간의 평등을 위한 투쟁으로 이어져야 한다. 이 투쟁에서 각자의 자유liberty(혹은 자율성) 외에 다른 목적은 없다.[29]

버틀러도 살 만한 삶을 위한 조건으로 자유freedom[30]가 필요하다는 데 동의한다. 공유된 삶의 형태로서 민주주의는 그 삶이 어떤 것이어야 할지를 미리 규정하지 않으면서, 살 만한 삶의 조건을 확보하기 위해 모두가 노력할 것을 요구한다. 따라서 버틀러는 보존preservation보다는 보호safeguarding라는 용어를 선호한다. 버틀러는 『비폭력의 힘』에서 "보호는 보존과는 완전히 다르다"고 말한다. "보호는 보존을 전제로 한다. 하지만 보존은 이미 존재하는 생명을 안전하게 지키려

29   "비판적 생기론"의 관점에서 자유, 평등, 박애라는 세 요소를
      재해석한 것에 관해서는 다음을 참고. Frédéric Worms, *Soin et
      politique*, pp. 35~36.

30   〔옮긴이〕 liberty와 freedom이 둘 다 자유를 의미하기는 하지만
      버틀러가 보기에 전자는 자율적이고 독립적인 개별적 자족성을
      강조하는 맥락에서 쓰이는 반면, 후자는 감정으로 연결되어 서로
      관계 맺고 의존하는 공동체의 상호성에 초점을 둔다. 따라서
      버틀러는 평등한 공동체를 기반으로 하는 자유라는 면에서 후자를
      더 옹호하는 입장이다.

하는 반면, 보호는 그 삶과 살아 있음의 내용이 규정되거나 예측될 수 없는 곳에서, 또 자기 결정이 보호되어야 할 잠재력으로 등장하는 곳에서 되어가기와 살아 있음과 미래성의 조건을 확보하고 재생산하는 것이다."[31] 따라서 이 민주적 염원은 모든 살아 있는 존재에게 불법적으로 간섭하지 않고 그 존재와 그 존재가 번영할 구체적 양상을 스스로 결정할 실제 가능성을 보장하는 것에 대한 관심을 포함한다. 버틀러에 따르면, 이것이 삶을 규정하는 요건이다. 그리고 이러한 창조와 실험의 가능성이 없다면 "삶이 단지 존재할 뿐 사는 게 아니다."[32]

주디스 버틀러와 프레데리크 보름스의 사회적, 정치적 성찰은 살아 있는 삶이 그 위태로움과 취약성 속에서 우리에게 무엇을 요구하는가라는 생각에 토대를 두고 있다. 두 사람은 인간의 삶을 구성하는 관계성과 상호의존성을 인정하는 것이 살아 있는 인간들의 급진적 평등을 정식으로 요구하는 것으

31   Judith Butler, *The Force of Non-Violence*, pp. 94, 100. 헤게모니적 규범과 그 규범화 효과, 그리고 (살 만한 삶의 조건으로 해석되는) 자기 결정권을 포함해서 규범적 약속이 방어해주는 것 사이의 관계를 보려면 다음 책의 1장을 참조. Judith Butler, "Gender Politics and the Right to Appear," *Notes Toward a Performative Theory of Assembly*, pp. 24~65.

32   Judith Butler, *The Force of Non-Violence*, pp. 100~101.

로 이어져야 한다고 생각하며, 그것은 삶이 구체적으로 어떤 형태를 취할 것인지를 미리 선언하지 않으면서 각자에게 살 만한 삶의 조건을 보장해주려는 민주적 노력으로 해석된다.

두 사람은 진정으로 **살 만한** 삶을 실천 철학의 규범적 지 평으로 삼아, 모두가 똑같이 살 만한 세계에서 살아 있는 삶 이 연대할 조건을 확장하는 것을 목표로 하는, 위태성에 맞서 는 투쟁을 말한다. 끝으로 이런 민주적 실천은 긴급하고도 어 려운 것이기에 "노출되고 취약한 삶을 사는 살아 있는 삶은 정치를 향해 가지만, 이 사람들의 취약하고 열린 정치의 방 향을 정하는 것은 여전히 삶"[33]이라는 과제가 있는 것으로 보 인다.

---

33 Frédéric Worms, *Soin et politique*, p. 44.

살 만한 삶과
살 만하지 않은 삶

아르토 샤르팡티에: 일단 "살 만하지 않은 삶이란 무엇인가?"라는 질문으로 시작할 수 있겠는데요, 살 만하지 않은 삶이라는 것이, 영위할 수 없거나 살아낼 수 없는 삶이라고 정의하는 데 동의하시나요? 동시에 우리는 살 만하지 않은 삶이 무엇인지 탐구해야 합니다. 살 만하지 않다는 것은 단순히 생존의 문제일까요, 아니면 삶이 진정으로 살 만한 것이 되려면 생존 이상의 무엇이 있어야 하는 것일까요? 만약 그렇다면, 살 만한 삶과 살 만하지 않은 삶의 경계는 어디에 있을까요? 그리고 선생님들께서는 이렇게 구별하는 것이 사회정치적으로 어떤 의미가 있다고 생각하시는지요?

프레데리크 보름스: 이 문제는 주디스 선생님의 저작 전체에 걸쳐 다루어지고 있지만 어쩌면 명확히 설명되지 않은 것 같은데, 이렇게 논의할 기회를 갖게 되어 매우 기쁩니다. 우리는 살 만하지 않은 삶이라는 문제를 다른 관점에서 다루고 있지만, 서로 공유하고 있는 문제라고 생각합니다. 어떤 의미에서는 그 자체로 **생기적인**vital 문제라고 할 수 있겠습니다.

주디스 버틀러: 살 만하지 않은 삶이라는 문제는 '살아 있음living'에서 온 일종의 특이한 어형 변화 같은 것인데요, 간단히 말해 살 만한 삶이란 살아낼 수 있는 삶의 조건이고, 살 만하지 않은 삶은 살아낼 수 없는 삶의 조건을 말합니다.

보름스: 어떤 사람들은 "살 수 있는viable" 것이라고 말할 수도 있지만, 이 기회를 이용해서 살 수 있음viability(본질적으로 순전히 생물학적인 개념)과 살 만함livability(우리에게 **생기적인 것**을 가리키지만, 엄밀히 말해 생물학적 수준으로 환원될 수 없는 개념)을 구분해볼 수 있겠습니다.

버틀러: 네, 태아를 살 수 있는viable 것으로 보는가에 관한 논쟁이 있어서 적어도 영어로는 그 단어를 사용하기 어렵습니다만,[1] 아예 사용 불가능한 것은 아니지요.

보름스: 그렇다면 우리가 지금 논의할 것은 살 만한 삶과 살 만하지 않은 삶을 구분하는 기준이며 그러한 기준을 정의할 수 있다는 것의 중요성입니다. 누구나 특정한 경험이나 삶에서의 "살 만하지 않음unlivability"에 대해서 주장을 가지고 있는 만큼 우리가 이런 주장에 대해 판단을 내릴 수 있어야 하

1   〔옮긴이〕보름스가 살 수 있음을 생물학적인 것으로, 살 만함을 생기적인 것으로 구분한다면, 버틀러도 이를 구분하면서 살 만함에 초점을 맞춘다. 살 수 있음이 물리적 생명 활동이 가능한지에 초점을 두는 협의의 의미라면, 살 만함은 사회적이고 문화적인 여건까지 포함하는 포괄적 의미라서 정치와 윤리가 결속된 인간의 삶에 더 중요하기 때문이다. 특히 태아 논쟁에서 '살 수 있다viable'라는 단어의 사용이 조심스러운 것은, 임신한 여성의 임신 중단에 대한 법적 권리나 자기 몸의 결정권에 반대하는 논리로 태아의 생존권이 제기되기 때문이다.

기 때문입니다. "살 만하지 않다"는 말을 종종 듣게 되는데요, 과연 그런 말을 해도 정당한 사람은 누구일까요?

이 질문은 다른 이유에서도 중요합니다. 즉『젠더 트러블』이래로 주디스 선생님의 철학적, 정치적 저술 전체에서 이 개념이 차지하는 위치와 관련해서 말이죠.『젠더 트러블』에서는 어떤 규범적이거나 정치적인 상황으로 인해 "살 만하지 않게" 된 특정한 삶을 대신해서 권리 주장을 합니다. 거기서 시작해서 우리는 스스로에게 이런 질문을 던져야 합니다. 살 만한 삶과 살 만하지 않은 삶을 구분하는 일종의 기준을 정의할 수 있을까? 그렇다면 어떻게 규정할 수 있을까? 세 가지 이어지는 가설을 검토하는 것으로 시작해보겠습니다. 저는 첫번째 가설은 전적으로 거부합니다. 두번째 가설의 경우 골자는 유지할 텐데, 이 가설은 주디스 선생님의 접근법에서 핵심적인 것으로 보입니다. 하지만 저는 살 만한 삶과 살 만하지 않은 삶을 정의하는 일에 반드시 필요하다고 생각하는 세번째 가설로 이를 마무리할 것입니다.

방법론으로 특징지을 수 있는 첫번째 가설에 관해서는 간략하게 설명해보겠습니다. 언뜻 보기에 살 만한 삶과 살 만하지 않은 삶을 구분하는 가장 쉬운 접근법처럼 보일 것입니다. 왜냐하면 이 가설은 우리나 어떤 다른 사람에게 벌어진 일을 보고 "이것은 살 만하고, 저것은 살 만하지 않다"라고 말할 수 있으려면 어떤 경험, 특정한 경험의 기술description

에 기대야 한다고 주장하기 때문입니다. 저는 이것을 아주 간단히, 현상학적 접근법이라고 부릅니다. 우리는 마치 어떤 사람이 여러 다양한 경험을 기술할 수 있어서 "이런 삶은 살 만해"(혹은 "살 만한 삶은 이런 모습이야")라고 하거나, 반대로 "이런 삶은 살 만하지가 않아"(혹은 "살 만하지 않은 삶은 이런 모습이야")라고 말할 수 있는 것처럼 행동합니다. 이것이 살 만한 삶과 살 만하지 않은 삶을 정확히 구분하기 위한 첫번째 방법론, 겉보기에 자연스러워 보이는 방법론이 될 것입니다. 짐작하셨겠지만 제 생각에 이것은 원칙상 불가능에 입각한 실수이며, 주디스 선생님도 이 점에 동의하리라 생각합니다. 왜 이것이 원칙상 불가능한 것일까요? 간단히 한 가지 이유 때문인데, 바로 대조를 통해서 살 만하지 않은 삶의 첫번째 기준을 제시하기 때문입니다. 이처럼 반테제antithesis를 이용한 첫번째 접근 방식은 빈약하기는 해도 본질적인 구분을 하게 해줍니다! 그러니까 이 접근 방식으로는 그 반대항이 사실이라는 의미입니다. 즉 어떤 것이 살 만하지 않은 삶이라면, 누군가는 그런 삶을 살 수 없고, 그런 삶을 기술하는 일은 더더구나 할 수 없다는 거지요.

현실에서도 누군가에게 살 만하지 않은 삶이 어떤 것인지 기술해달라고 요청할 방법이 없습니다. 만일 그런 삶에 대해 기술할 수 있다면, 그것은 살 만하지 않은 삶이 아닙니다(지금 살 만하지 않다는 현재 시제가 중요합니다). 이것은 우리에게 살 만하지 않은 삶의 기준으로 향하는 기본 단서를 제공하는데, 그것은 **누군가, 어떤 주체**가 그 삶을 살 수 없다는 불가능성으로 정의되어야 합니다. 최소한 살 만하지 않은 삶은, 그 삶을 기술할 수 있는 누군가의 삶이 아니거나 더 이상은 아니라는 사실을 말합니다. 살 만하지 않은 삶은 주체적인 삶, 자신의 삶을 사는 누군가의 삶이라고 할 수 없지요. 이것이 첫번째 기준이고 여전히 부정에 의한 기준이지만, 살 만하지 않은 삶이라는 용어가 부정적인 형태로 정의되는 건 어쩔 수 없는 일 아닐까 합니다. 살 만하지 않은 삶이란 누군가가 살아낼 수 있거나 기술할 수 있는 삶이 아닙니다. 오히려 삶에서 누군가가 나타나서 자기 삶을 사는 것을 막는 것입니다. 이것이 우리의 첫번째 기준으로, 그 엄청난 영향력에서 이 기준의 중요성을 알 수 있습니다.

이로부터 우리는 즉시 두번째 가설을 도출할 수 있는데요, 두번째 가설도 다시 한번 살 만하지 않은 삶과 살 만한 삶에 대한 정의로 이루어집니다. 우리는 "살 만함"의 조건이 주체성의 조건이라고 말할 것입니다. 살 만함의 조건은 삶이 **누군가**의 삶이 되기 위한 조건입니다. 살 만함은 어떤 주체적인 "자아"가 출현할 가능성, 누군가가 "하나의" 삶, 혹은 "자신의" 삶을 "살" 가능성으로 시작됩니다. 이러한 조건은 심리적이거나 사회적이거나 정치적일 수 있는데요. 예를 들어, 주디스 선생님이 (다른 학자들의 전례에 따라, 헤겔에서 시작된) "인정recognition"이라고 부르는 영역으로 우리가 들어가 본다고 합시다. 이것이 매우 중요하긴 합니다만 이것으로 충분할까요? 이 질문은 나중에 다시 다루도록 합시다.

따라서 우리는 삶이 살 만한 것이 되기 위해서는 그것이 누군가의 삶이어야 한다는 사실에서 출발합니다. 상호주체성 intersubjectivity—한 사람이 다른 사람을 "자기" 삶의 주체로 인정하는 것—은 아마도 거의 확실히 이런 살 만함의 조건에 들어갈 것입니다. 하지만 본질적인 것은 여전히 그 아래 놓여 있습니다. 즉 "자기의" 삶을 살아야 하는 "자아"의 순수하고 단순한 출현에 있는 것이지요. 여기에는 누군가의 삶을 스스로에게 재현하는 행위, 자신의 삶에 대해 생각하고 이야기하는 행위, 그리고 당연하게도 그 삶을 인정받게 만드는 행위가 포함됩니다. 하지만 이 모든 게 다른 어떤 것에 달려 있는데, 그것이 매우 정확하고도 급진적인 부분입니다. 나중에는 살 만함에 더 깊은 층위가 포함되더라도, 가장 일반적 의미에서 살 만함의 조건은 주체성의 경험적 조건이라는 점이 그것입니다. 이런 살 만함의 조건은 단지 "생물학적인" 것이 아니라 심리적이고, 사회적이고, 정치적인 것입니다. 주디스 버틀러 선생님의 연구는 "누군가"의 삶이 온갖 종류의 조건에서 등장할 수 있는지, 아니면 등장할 수 없는지를 이해하는 데 매우 중요합니다. 물론, 이런 살 만함의 조건은 그 부재, 부정, 파괴를 통해 반대편의 조건, 즉 살 만하지 않음의 조건도 규정할 수 있습니다. 살 만하지 않음도 매우 구체적인 가능성이니까요.

따라서 처음부터 강력하게 말해야 합니다. 살 만하지 않다는 것은 이론적인 관념이 아닙니다. 살 만하지 않은 삶도 있을 수 있습니다. 살 수 없는 삶이 존재하므로, 이제 우리가 생각해볼 질문은 살 만하지 않음이 죽음에 비견되는가입니다. 궁극적으로, 삶을 불가능하게 만드는 두 가지 방법, 즉 살 만하지 않음과 죽음의 공통점은 무엇일까요? 제가 보기에 이것이 핵심적인 질문입니다. 다시 이 문제로 돌아오겠지만, 지금은 일단 우리 논의의 방향을 잡아봅시다. 살 만하지 않은 삶과 살 만한 삶에는 무엇보다도 주체적이거나 상호주체적, 사회적, 정치적, 도덕적, 그리고 분명 언어적인 조건이 있습니다. 살 만하지 않은 삶을 기술할 수 없다는 것이 바로 이런 측면을 지적해주는데요. 말하자면 살 만하지 않은 삶은 또한 말할 수 없는 것이고, 우리가 살 만하지 않은 삶에 대해 말하려 한다면 최소한 어떤 우회적인 방법이 필요할 텐데, 그런 방법에는 지불해야 할 대가, 즉 언어 자체에서 발생하는 모순이 포함될 것입니다. 반대로 살 만함은 의심할 여지 없이 살 만함을 표현할 능력과 관련이 있고, 따라서 언어를 포함하고 있습니다.

이것은 제가 생각하는 두번째 단계, 두번째 위치와 관련된 위험으로 이어집니다. 우리가 즉각 보충 설명을 하지 못한다면 생길 수 있는 위험이지요. 다행히도 이 문제에 대해서 한동안 주디스 선생님과 충분히 논의해볼 수 있었습니다. 아주 간단하게 공식화할 수 있는데요. 우리가 살 만한 삶과 살 만하지 않은 삶이라는 것을 어떤 주체가 살아낼 수 있거나 살아낼 수 없는 것이라고 이해한다면, 이제 삶에 남은 것은 무엇일까요? 삶 그 자체는 어디에 있을까요? 이것이 우리가 대답해야 하는 질문입니다.

우리는 이 질문을 말 그대로 이해해야 합니다. 다시 말해, 그것이 단순히 단어의 문제인지 아닌지를 이해해야 합니다. 지금 우리가 가진 기준은 어떤 자아, 주체, 사람이 출현한다는 것입니다. 그러나 이것은 "살 만함"이라고 부르는 것이 살 만하지 않음의 반대편에 있다고 하는 기준이지요. "살 만하지 않음"이라는 단어가 어원적으로 "생명"과 연결되어 있다는 사실이 철학적으로 관련이 있을까요, 없을까요? 이것이 그 질문입니다. "살 만하지 않다"거나 "참을 수 없다"는 것과, 살 만하고 참을 만하다는 것 사이에 차이가 무엇인지, 그리고 그런 차이가 존재하는지를 물었을 때 주디스 선생님께서 제기하신 질문 말입니다. 여기서 우리는 가장 중요한 지점을 마주하게 됩니다. 살 만하지 않은 삶이라고 특정할 구체적인 무언가가 있을까요? 또 그것이 삶과 맺는 관계, 생기적인 것과 맺는 관계는 무엇일까요? 우리는 정말 살 만한 것과 살 만하지 않은 것을 구분하는 기준에서 삶을 제외해버릴 수 있을까요?

　이런 기준에 심리적, 사회적, 정치적인 것이 포함될 수 있다고 해서 그것이 궁극적으로 생기적인 것이 아니라는 의미는 아닙니다. 또한 누군가의 삶과 그 반대인 죽음이 있다는 엄밀한 의미에서, 살 만하지 않음이 물질적이거나 생물학적인 모델에서 시작된 것으로 생각해서는 안 된다는 의미도 아닙니다. 살 만하지 않은 삶은 우리 몸의 삶이나 생명의 조건이라고 부르는 것이 일종의 중단을 겪는 것입니다. 솔직히 말해 그것은 죽음과도 같은 자아의 파괴를 수반할 것입니다. 그리고 비유할 수 있다면 그것은 죽음보다 "덜한less" 것이 아니라, 죽음보다 더한worse 것인데, 왜냐하면 삶이 계속되는데도 삶을 삶으로 만들어주거나 누군가가 그 삶을 살아가게 해주는 것이 죽었기 때문입니다. 이때의 죽음은 죽음을 정의하는 (우리 뇌의) 활동 중단이라는 모델에 입각해서, 생명의 파괴와 소멸과 중단으로 나타납니다. 그것은 분명 죽음과 유사한 것이기도 하고 죽음보다 더 나쁜 것이기도 한데, 그 삶을 사는 "누군가"가 없는 상태로 "삶"이 지속되기 때문입니다. 우리가 이런 삶을 살 만하지 않다고 부르는 이유는 그것이 생명의 중단과 같고, 우리의 생기적 조건의 중단과도 같기 때문입니다. 그것은 정도의 구분이 아니라 종류의 구분이어야 하며, 양적인 것이 아니라 질적이고 비판적인 것이어야 합니다. 그리고 사실상 그것이 바로 제가 "비판적 생기론"이라고 부르는 것의 핵심입니다.

이것이 제가 스스로 캉길렘과 베르그송의 후예라고 주
장하는 이유인데, 두 사람 모두 질적인 차이에서 출발합니다.
캉길렘은 "정상적인 것과 병리적인 것"의 차이가 단순히 정
도의 문제라는 생각에 반대합니다. 그 차이는 절대적이고, 질
적이고, 주관적이며 그렇지 않다면 아예 존재하지 않는 것입
니다. 제가 보기에는, 이것이 살 만한 삶과 살 만하지 않은 삶
의 차이에도 똑같이 적용되는 것 같습니다. 나중에는 정도의
문제가 될 수도 있지만요. 베르그송은 이것을 명확히 보여주
었는데요, 우리가 일단 A 지점에서 B 지점으로 이동했다면,
경로를 재구성할 수 있습니다. 다시 말해 두 구간 사이의 정
도나 단계를 재구성할 수가 있지요. 하지만 정도부터 측정할
수는 없으니 정도를 측정하기에 앞서 우리는 질적 차이를 확
립하는 것부터 시작해야 합니다. 정상적인 것과 병리적인 것
을 구분할 때도 마찬가지입니다. 캉길렘에 따르면, 이 구분은
양적인 차이로 환원할 수 없는 주체의 양극성을 말합니다. 그
렇지만 나중에는 생물학적 분석에서와 같이 평균값이나 임
계값으로 변환될 수 있습니다.

따라서 우리에게는 살 만하지 않은 삶에 대한 질적인 기
준이 필요합니다. 그러나 궁극적으로는, 같은 이유에서 우리
에게는 그런 기준이 있습니다. 즉 우리는 삶과 죽음이 대립
한다고 받아들이거나, 또는 삶이 죽음"에" 대립하기는 하지

만 "누군가의" 삶으로 확대된다고 받아들입니다. 그리고 이런 일은 "상호주체적" 관계, 말 그대로 생기적 상호관계 속에서 일어나는데, 그것이 "자아"가 타인과 관계를 맺는 특정한 살아 있는 존재로서 출현하는 일을 허용하거나 허용하지 않고, 영향을 미치거나 파괴하기 때문입니다. 이것은 아마 모든 살아 있는 존재에 해당될 것입니다. 즉 어쩌면 모든 살아 있는 존재는 삶을 살기는 하지만 또한 삶을 사는 게 아닐 수도 있는 "누군가"입니다. 그 사람은 "살아 있는alive" 동안에도 삶을 살 수 있는 조건이 박탈된 채라는 것을 알지도 모르고, "그들"은 더 이상 삶을 살 수 없다는 아주 구체적인 의미에서 "죽을" 수도 있습니다. 그것은 그냥 "죽음"이 아니라 "그들의" 죽음입니다. 우리가 그것을 어떻게 알 수 있을까요? 아마 그들이 더 이상 우리를 보지 못한다는 사실 때문일 것입니다. 그러므로 그들 안에 살아 있는 것이 죽었습니다. 우리는 여기에서 다른 모든 생기적 기능에 대해 사용하는 것과 똑같은 생명의 기준을, 이중적 의미에서 "비판적인" 방식으로 사용했는데요, 순전히 질적이고 양극화된 기준입니다. 무엇인가가 거기에 있거나 없는 것이지요. 하지만 그 기준을 단일한 수준이나 단일한 기능으로 환원할 수는 없습니다.

이제 비판적 생기론의 핵심에 도달했습니다.

우리는 살 만한 삶과 살 만하지 않은 삶을 구분할 기준이 필요한데, 두 삶 모두 생기적vital이면서 비판적critical입니다.

이 때문에 우리는 다시 비판적 생기론으로 되돌아가게 됩니다. 비판적 생기론은 삶과 죽음의 대립을 문자 그대로(들뢰즈식의 의미에서, 고유명과 비유적 표현의 대립을 넘어서고, 모든 은유나 이미지를 넘어서는 것으로) 받아들입니다. 하지만 그것은 (데리다가 말했듯이) 그 안에서 "하나 이상의" 형태를 보는 것입니다.

모든 살아 있는 존재, 특히 살아 있는 인간의 삶에는 죽음의 형태가 한 가지 이상 존재합니다. 그리고 그것이 바로 우리가 살 만하지 않은 삶에 대해 이야기하는 이유일 것입니다. 살 만하지 않은 삶에도 여러 가지 형태가 있는데, 그것은 살 만하지 않은 삶을 살았던 주체의 죽음을 초래합니다. 그리고 죽음이라는 단어의 전통적인 의미대로 굶주림이나 추위로 인해 우리가 죽을 수 있는 것처럼 인정의 결핍 때문에, 우울감이나 우울증 때문에, 어쩌면 한 가지 이상의 원인 때문에, 한 가지 이상의 방법에 의해 우리 삶이 살 만하지 않게(그에 따라 죽게) 될 수도 있습니다. 인간의 삶이 죽음에 맞서 살아 있는 삶을 돌보는 것으로 이루어지듯, 그것은 또한 모든 의미에서, 살아 있는 인간의 모든 생기적 차원에서, 살 만한 삶의 조건을 준비하면서 살 만하지 않은 삶에 맞서 살 만한 삶을 돌보는 것으로 이루어지기도 합니다.

여기서 세 가지 결과가 도출됩니다. 우선, 살 만하지 않은 삶이 여전히 죽음을 모델로 삼아야 한다는 것은 분명합니다. 죽음은 객관적 의미에서나 주관적 의미에서 모두 살 만하지 않습니다. 에피쿠로스는 이를 논리의 관점에서 표현했습니다. 우리가 죽으면 우리는 더는 살아 있지 않다는 것이지요. 살아 있다는 것과 죽었다는 것은 서로 반대되고 서로 모순되는 것입니다. 철학에서는 겉보기에 자명해 보이는 진술이나 진리(프랑스어로 "라 팔리스의 진실verités de La Palice"[2]이라 부르는)로 나타나는데요. 신기하게도 우리는 몇 번이나 이런 자명해 보이는 진술이나 진리로 되돌아오는 것 같습니다. 라 팔리스에 대해서 "그는 자기 인생의 마지막 날인 금요일에 죽었다/그가 토요일에 죽었다면 그는 좀더 오래 살았을 것이다"라는 말이 전해지는 것처럼요. 사르트르는 자신에 대해 말하면서 "죽음은 결코 나를 살릴 수 없을 것이다"라고 말했고, 리쾨르는 "나는 죽음에 이를 때까지 살 것이다"라고 썼습니다. 마치 이런 논리적 모순이 매번 다른 생명의 가치를 부여받을 수 있고 부여받아야 하는 것처럼 말입니다.

2   〔옮긴이〕 자명한 진리나 명백한 사실을 뜻하며, "라 팔리스도 똑같이 말했을 것이다"라는 어법으로 주로 쓴다. 프랑스의 귀족이며 군인인 자크 드 라 팔리스Jacques de La Palice (1470~1525)는 파비앙 전투 중 사망했는데, 그의 묘비명에는 "슬프도다. 그가 죽지 않았다면 아직도 부러움을 샀을 텐데"라는 문구가 새겨져 있다. 그런데 그가 죽은 후 묘비명 뒷부분의 일부가 "그가 죽지 않았다면 아직도 살아 있을 텐데"로 잘못 읽히면서 이 문구는 널리 회자되었고, 이후 전적으로 자명한 진리나 명백한 사실을 의미하는 말이 되었다.

그러나 일반적으로 말해 살 만하지 않은 삶은 단순히 죽음을 뜻하는 것이 아닙니다. 그것은 특정한 형태의 죽음입니다. 내가 죽음을 "살아갈" 수 없는 것처럼, 반대로도 비슷하게 내가 더 이상 어떤 경험을 하면서 살 수 없다면, 그것은 죽음과 같은 것입니다. 왜냐하면 삶은 계속되지만 "나"는 그 삶을 살 수 없기 때문입니다. 즉 살 만하지 않은 삶의 경험이 그 삶의 주체를, 시몬 베유가 불행에 관한 책에서 "영혼"이라 부른 것을 파괴한 것이지요.[3] 그런데 궁극적으로 파괴된 것은 영혼이 아닙니다. 영혼은 파괴될 수 없기 때문이죠. 정말로 파괴된 것은 살아 있는 주체입니다. 살아 있는 주체는 파괴될 수 있습니다. 같은 방식으로, 주디스 선생님이 제게 "올랜도 패터슨Orlando Patterson의 노예 제도에 관한 책에서 노예 제도를 **사회적 죽음**social death으로 묘사할 때 그 표현을 심각하게 받아들였는지"를 물었을 때, 저는 당연히 그렇다고 대답했습니다. "사회적 죽음"은 실제로 노예 제도를 가장 정확하게 표현한 말입니다. 뒤르켐은 자살을 "사회적 사실social fact"로 정의했는데, 이것은 특정한 형태의 사회적 죽음(뒤르켐이 보기에는 아노미anomie)이 다다른 결과입니다. 노예제의 경우 노예 소유주는 노예의 주체성까지도 파괴하려 할 것입니다. 이

3   Simone Weil, *Awaiting God*, introduction by Sylvie Weil, Bradley Jersak (trans.), Abbotsford, BC, Canada: Fresh Wind Press, 2013 (1951).

러한 자아의 파괴는 실질적으로 가능한 일입니다. 저는 이런 파괴를 말 그대로 죽음의 한 형태로 이해합니다.

여기서 우리는 데리다가 아도르노와 리오타르에 따라 "죽음보다 더한 것"이라고 부른 것으로 나아갑니다. 살 만하지 않을 뿐 아니라 죽음보다 더 나쁜, 죽음과 유사한 경험들이 있습니다. 살 만하지 않은 삶은 죽음보다 더 나쁜데, 이런 삶은 지속된다고 해도 그 사람이 그 삶을 자신의 삶으로 살 수 없고, 오직 생중사生中死로만 살 수 있기 때문입니다. 따라서 비극적인 임종 선택과 정치적인 문제들이 여기 있습니다. 바로 죽음과 죽음보다 더한 것 중에서 선택을 해야 한다는 딜레마입니다.

이런 경험을 하면서 사는 사람들은 그런 경험을 기술할 수가 없고, 그것이 바로 다른 사람들이 그 경험을 기술해야 하는 이유입니다. 만약 우리가 그런 경험에 대해 말한다면, 그것은 우리가 살 만하지 않은 삶을 살아서가 아니라, 우리에게 이들의 살 만하지 않은 삶을 기술할 의무가 있기 때문입니다. 살 만하지 않은 삶을 살고 있지만 정의상 그런 삶에 대해 말할 수 없는 사람들의 삶을 기술할 의무 말입니다.

마지막으로, 죽음보다 나쁜 것이 있다면, 삶보다 나은 것도 있고, 살 만한 삶보다 더 좋은 것도 있을 것입니다. 살 만한 삶이 어떤 궁극적인 규범은 아닙니다. 우리는 단순히 살 만한 삶만 살고 싶어 하는 게 아니라 행복하고 즐겁게 살고 싶어 합니다. 우리는 삶을 충만하게 살고 싶어 하죠. 삶의 모든 차원(생물학적, 상호주체적, 창조적, 상징적 차원 등)이 통합된 삶을 살고 싶어 한다는 말입니다. 이러한 차원들은 각각 파괴될 가능성이 있는데, 살 만하지 않은 삶이라는 개념이 그런 가능성을 기술하고자 합니다. 그렇다면 거기에는 살 만한 삶 이상의 무언가가 있습니다. 즉 이동할 능력이나 죽지 않을 능력 이상의 것, 누군가의 삶에서 창조적이고 사회적인 주체가 될 능력이 있다는 것입니다.

결과적으로, 파괴와 "죽음보다 더한" 것의 반대는 "단지 사는 것 이상"의 어떤 것이며, 도널드 위니콧의 의미로 보면 그것은 필연적으로 창조성을 의미합니다. 위니콧에게는 "우리가 사는 곳"이 우리 삶에서 일상적 창조가 일어나는 장소이고, 아무리 사소한 것이더라도 우리의 주체성이 세계를 변화시킬 수 있는 근본적 영역이자 중간 영역이기 때문입니다. 하지만 마지막으로 한 가지 더 강조할 것이 있습니다. 바로 삶 그 자체에, 우리 살아 있는 존재에 놓인 비판의 자리입니다. 비판적 생기론의 철학은 삶의 부정적인 양극성을 포함하고, 살아 있음에도 여러 정도가 있기 때문에, "살 만함"을 위협하는 것은 무엇이든 비판하는 부정적 과제도 살아 있음 안에 포함됩니다.

살 만하지 않음은 개인적일 수도 있고, 관계적일 수도 있고, 아니면 공통의 것일 수도 있습니다. 예를 들어, 이 세상이 우리 모두를 위협하는, 공통된 살 만하지 않음의 상태일 수도 있지요. 살 만하지 않은 세계란 어떤 것일까요? 그것은 환경적 또는 정치적 이유에서 우리 모두가 살 만하지 않은 세계입니다. 살 만하지 않음이 반드시 개인의 삶에만 국한되는 것은 아닙니다.

그렇다면, 현상학적 접근에 대한 저의 비판과 실제 삶이 처한 정치적이고 주체적인 조건에 대해서 우리가 동의를 한다면, 선생님과 함께 논의해야 할 문제는 생기적인 것the vital과 비판적인 것the critical을 통합하는 문제가 됩니다. 생기적인 것으로 되돌아가 논의를 마무리해보고자 합니다. 삶이라는 주제는 주디스 버틀러 선생님의 저작 어디에나 나오고, 『위태로운 삶』과 같은 몇몇 저서의 제목에도 나타납니다. 하지만 이것을 문자 그대로 받아들여야 할까요? 살 만한 삶과 살 만하지 않은 삶이 서로 대립한다고 보는 것이 기본 구상일까요? 그것은 제가 선생님께 드리고 싶은 질문이기도 합니다.

버틀러: 네, 프레데리크 선생님, 정말 감사합니다. 소개를 맡아주신 로르와 아르토 선생님께도 감사하며, 오늘 여기 자리해주신 모든 분들께 감사드립니다. 프레데리크 선생님은 제가 대답할 말이 많을 것으로 생각하시겠지만 제가 정말로 많은 답을 가지고 있는지 잘 모르겠습니다. 그럼에도 불구하고 저는 기쁜 마음으로 선생님의 질문에 대해 답을 찾고자 하며,

그것이 우리에게도 또 앞으로 이어질 대화에도 도움이 되기를 바랍니다. 우선, 살 만한 삶과 살 만하지 않은 삶을 구분하는 가장 좋은 방법이 무엇인지, 그 구분을 위해서는 어떤 기준을 사용해야 할지, 그리고 우리가 이런 기준의 사용을 어떻게 정당화할지에 대해 끊임없이 질문을 제기한다는 점에서 프레데리크 선생님은 전적으로 옳습니다. 전체적으로 보면 제가 이 질문에 대해 완전히 공식화된 어떤 대답을 갖고 있지는 않습니다. 제가 하려는 분석에 그 대답 일부가 포함된다고는 생각하지만요. 그러니 제게 주어진 하나의 과제는 어떻게 해야 분석 중에 작동하는 암묵적인 기준을 추출해서 개념적으로 명확하게 만들 수 있는가를 생각해보는 것입니다. 살 만한 삶과 살 만하지 않은 삶을 구분하는 문제에 있어 한 가지 질문, 더 쉬운 질문은 이런 것이겠지요. "어떻게 알 수 있는가? 살 만한 삶과 살 만하지 않은 삶의 차이를 어떻게 알 수 있는가?" 하지만 저는 이 문제를 다음과 같은 질문 더미로 재구성해보고 싶습니다. 이런 구분은 어떻게 만들어지는가? 살 만한 삶과 살 만하지 않은 삶을 구분할 때, 그 구분을 위해서 사용되는 판단은 어떤 것인가? 누가 구분을 하고, 누구와 관련하여 구분을 하는 것인가? 역사적으로나 정치적으로 이런 판단을 계속하는, 다시 말해 판단을 내리기도 하고 이의를 제기하기도 하는 상황이나 장면은 어떤 것인가? 왜냐하면 제가 보기에, 분명 우리는 난민의 상황이 절대로 살 만한 게 아니라는 법적인 결정이 내려지는데, 어떤 사람들은 "오, 이런, 그들은 절차대로 처리되고 있어요. 아시다시피 모든 게 약간 느리게 진행될 뿐입니다. 참 안타깝네요. 난민 보호소를 만들고 있으니 곧 사용할 수 있을 겁니다" 등등의 이야기를 나누는 온갖 지정학적 영역을 끌어올 수 있으니 말이죠.

그래서 살 만함이라는 명칭을 결정하는 사람은 누구이고, 어떤 목적에서 또 어떤 제도적 환경에서 결정하는 것인지에 대한 논쟁을 마주하게 됩니다. 그래서 드릴 질문이 하나 있는데요. 누가 판단을 하고, 어떤 언어를 통해, 어떤 결과를 내기 위해 판단을 하는가로 판단의 위치를 옮겨볼 필요가 있지 않을까요? 단지 저는 법적인 결정이라는 것이 그런 판단을 내리고 또 그런 판단에 이의를 제기하는 하나의 방편일 수 있다고 제안드리는 것입니다. 물론 그것이 선생님이 기대하는 살 만한 삶과 살 만하지 않은 삶의 구분 같은 철학적 구분과 똑같지는 않을 것입니다. 하지만 어쩌면 우리는 그런 결정을 내리는 데 성공할 수도 있고 실패할 수도 있는, 기존의 여러 다른 판단의 관행들을 검토할 필요가 있고, 또 그런 판단의 관행이 어떻게 작동하는지, 또 실제로 무엇을 하고 또 하지 않을 것인지의 관점에서 이런 관행들을 분석할 필요가 있습니다. 이 말은 제가 개념적 구분에서 시작하지 않고, 판단의 관행에 그런 구분이 내재되어 있는지, 그리고 그 구분이 작동한다는 것을 우리가 분별해낼 수 있는지를 묻는 것입니다. 또 궁금한 것이, 비록 우리가 단일한 기준을 제시하게 된다 해도, 가령 제가 선생님의 질문을 회피하지 않고 솔직하게 답하려 하고 단일한 기준을 생각해낸다고 해도⋯ 제가 그렇게 하는 것은, 그렇게 하면 선생님이 기분 좋아하실 것 같다고 생각해서입니다. (웃음)

보름스: 좋은 생각인데요!

버틀러: 저는 좋은 게스트이니까요. (웃음)

하지만, 자, 진지하게 말해서 우리가 그런 기준을 생각해냈다고 해도 그것이 우리가 지금 여기서 스스로 만든 것일까요? 다시 말해 그것은 지식인의 개념적 기여일까요? 그 기준은 어떤 언어로 표명될까요? 그 기준이 어떤 언어로 되어 있는지가 무슨 차이를 가져올 것이며, 어떤 언어로든 번역될 수 있을까요? 다시 말해 그 기준은 자체의 특이성을 유지할까요, 아니면 결국 다른 언어 형태로도 나타날까요? 여기서 제가 말하는 언어란 영어나 프랑스어 같은 자연어만 의미하는 것이 아닙니다. 누가 누구에게 말하고 있고, 누구에 대해, 어떤 상황에서, 어떤 목적으로 하는 말인지, 그리고 그 언어가 세상에 등장한 후 그 언어에 어떤 일이 생길지에 관한 이해를 포괄하는 언어적 관행을 의미하기도 합니다. 때로는—어쩌면 매우 자주—우리가 완전하게 예상할 수가 없는 일이지요.

그러니 이것이 선생님의 질문에 대해 제가 갖고 있는 문제 더미들 중의 하나입니다. 선생님이 현상학적 접근법을 그토록 빨리 제쳐두고, "살 만하지 않은 삶에 대해 기술할 수 있는 주체가 있는가, 그리고 우리는 살 만하지 않은 삶이 무엇인지 알기 위해 그 주체의 기술에 의존하는가?"라는 질문을 하지 않으려는 까닭을 저는 이해합니다. 제가 이해하기로 이 질문을 제쳐두려 한 이유는 다른 질문을 하기 위해서입니다. 살 만한 삶과 살 만하지 않은 삶을 구분할 수 있게 해주는 주체성의 조건이 무엇일까라는 질문이지요. 그래서 이런 설명을 듣고 또 선생님이 쓰신 다른 글을 읽고 제가 이해한 바로는, 아마도 선생님께서는 경험적 조건으로 생각하고 있을, 이런 주체성의 조건에 대해 우리가 논의하게 된다면 그로부터 살 만한 삶과 살 만하지 않은 삶을 구분할 기준을 발견하리라고 기대하시는 것 같습니다. 그 기준은 주체적인 삶의 조건에만 나타나는 특징이어야 할 것이고요.

하지만 여기에는 논의해야 할 점이 적어도 두 가지가 있습니다. 저는 살 만하지 않은 삶을 기술하는 것이 살 만하지 않은 삶에 대한 증언이라고 정말로 생각합니다. 예를 들어 아우슈비츠에 관한 샤를로트 델보[4]의 증언과 같은 것을 떠올리

---

4   〔옮긴이〕Charlotte Delbo(1913~1985): 프랑스의 작가, 저항운동가, 극작가로 아우슈비츠에서 생환 후 나치 강제수용소의 기억에 대한 여러 글을 썼다.

게 되는데요. 델보가 증언을 할 수 있었으니까 그에게 삶은 살 만하지 않은 것이 아니었다고 단정할 수 있을지 잘 모르겠습니다. 달리 말해 저는 살 만하지 않은 삶을 겪으면서, 그 삶에 대해 글을 쓴다는 것이 모순어법이라고 생각하지 않습니다. 그리고 이런 글쓰기에는 언어의 소실, 침묵, 빈 페이지, 비서사적 구조가 내포되어 있으며, 이런 것들은 트라우마적인 소재를 전달하려는 증언에서 흔히 볼 수 있습니다. 기술하는 "나"는 겉으로 보이는 것을 전달하면서도 산산이 부서지거나 파괴된 주체성을 색인에 올릴 수 있습니다. 이를테면 저자와 서술자를 구분하기 위해 저자를 복원할 필요는 없습니다. 그래서 저는 샤를로트 델보가 살 만하지 않은 삶을 겪었다는 것을 의심하지 않을 것입니다. 델보가 특정한 방식들로 언어를 사용할 수 있었다고 해서—그리고 그게 무엇이었건 원래 갖고 있던 언어로 돌아가는 데 시간이 좀 걸렸다고 해서—그가 겪은 것이 살 만하지 않은 삶이 아니었다는 뜻은 아닙니다. 자, 보세요. 델보는 살아 있었고 글을 쓰고 있었어요. 그렇다고 해서 그가 살 만하지 않은 삶을 겪었다는 가정이 반박되지는 않습니다. 그리고 사실 그가 쓴 글에서 우리가 알게 된 종류의 글쓰기, 즉 살 만하지 않은 삶에서 온 것으로 여겨지는 기술은 선생님이 관심을 가질 만한 주체성의 구조를 보여주는 창입니다. 델보는 그런 삶을 다시 체험하는 것과는 거리가 먼 특정한 관점에서만 회상을 할 수 있다고 적고 있습니다. 그가 망가지지 않았나요? 사람들이 망가질 만한 조건이 아니었나요? 설령 망가졌다고 해도 사람들은 여전히 살아갑니다. 그렇다고 이들이 살 만한 삶을 살고 있다는 뜻은 아닙니다. 네, 전혀 그렇지 않지요. 그러니 망가진 사람이 과거의 트라우마를 서술할 수 있고, 그 서술 자체가 이렇게 망가진 것을 복원해내지 못한다는 게 사실이라면, 망가진 사람이 그런 망가진 관점에서 서술한다면, 우리는 살 만하지 않은 삶 역시 여러분과 함께, 동시에 살아가는 조건에서 살아가는 방식을 보여준 것입니다. 이런 식의 살아가기는 그 자아의 생존과 같지 않습니다. 어떤 사람이 살아가고 있지만, 살 만하지 않은 삶은 그것이 언제 끝날지 알 수 없는 채로 여전히 여러분과 함께 살거나 동행합니다. 삶이 끝나야만 살 만하지 않은 삶도 끝이 납니다. 여러분에게 남은 삶이 무엇이든 그것은 살 만하지 않음과 함께 살게 됩니다. 그 삶의 동반자로서, 혹은 그 삶을 구성하는 잔해로서, 어쩌면 그 삶과 떼어낼 수 없는 견디기 힘든 동행으로서 말이지요. 그래서 저는 그것이 반드시 모순이라고 생각하지 않습니다. 살 만하지 않은 삶과 더불어, 살 만하지 않은 삶 속에, 살 만하지 않은 삶을 계속 살아간다는 것 말입니다.

어쩌면 우리는 델보의 사례를 보며 살 만하지 않은 삶과 언어 사이의 관계라는 문제로 관심을 돌릴 수 있을 것입니다. 예를 들어, 특정한 조건에서 우리는 무언가를 살 만하지 않은 경험이라고 부릅니다. 그 순간에는 그렇게 부르는 것이 옳다고 생각합니다. 그것이 우리가 겪은 일이건, 어떤 다른 사람이 겪은 일이건, 특정 집단의 사람들이 겪은 일이건 간에 말입니다. 이에 대해서는 논쟁이 있습니다. 어떤 사람들은 누군가 살 만하지 않은 경험을 하게 된다면 그 경험이 의식이나 언어에 가닿을 수 없을 것이라고 주장합니다. 이런 트라우마 이론의 해석에 따르면, 살 만하지 않은 삶은 경험의 파열을 말합니다. 만약 그것을 어떤 식으로든 서술한다면, 이 파열이나 경험의 단절, 경험의 연속성의 단절을 서술로 덧씌우거나 봉합하지 않고 어떤 식으로든 언어로 옮겨야 합니다. 따라서 트라우마의 적어도 일부가 (아니면 트라우마 전체가) 연속성의 파열이라고 정의될 때, "살 만하지 않은 삶과 언어 사이의 관계는 무엇인가"라는 질문은 트라우마를 재현하는 문제와 관련된 서사의 위상을 알고자 하는 질문으로 구체화됩니다. 비-서사적 형태, 혹은 어떤 면에서 트라우마 자체를 불러오거나 트라우마와 공명하는 기술의 형태가 있어야 할까요 (어쩌면 이미 있었던 것일까요)? 아니면 언어적이거나 서사적인 해석본을 제공하기 위해서 현상으로부터 어떤 거리를, 동떨어진 거리를 두어야 할까요?

그렇다 해도 제가 우선 강조하고 싶은 것은, 살 만하지 않음이 필수불가결하다는 의미에서 죽음과 생기적 관계를 갖기는 해도 죽음과 똑같지는 않다는 것입니다. 그리고 항상 언어나 어떤 종류의 매개―소리, 이미지, 질감 또는 수많은 재현의 형태를 통해서 일어나는―를 통해 이루어지는 현상학적 기술은, 살 만하지 않은 삶을 살 만한 삶으로 환원하지 않으면서 살아간다는 공존 및 동시성에 대한 이해를 담고 있다고 말하고 싶습니다. 그러니 살 만한 삶과 살 만하지 않은 삶이 개념적으로 반대된다고 주장하고 싶다면, 현상학의 장에서 일어나는 이 둘의 동시성을 설명해야 합니다. 이 점을 장황하게 논의한 이유는 예컨대 바다에 버려진 이민자들, 또는 무기한 구금되어 있는 사람들, 또는 군사 분쟁으로 폭격당한 사람들에게 일어난 일을 서술하는 데 **회복탄력성**resilience이라는 말을 점점 더 대중적으로 사용하게 되었기 때문입니다. 이들이 언제나 예전으로 되돌아가는 것은 아닙니다. 이따금 창의적 저항을 하는 공동의 순간들이 있기는 하지만요(그런 순간은 분명히 존재합니다).

회복탄력성이라는 용어는 물론 특정한 종류의 인도주의 단체 및 인권 단체에서 고난을 극복할 자원을 찾고, 심지어 이런 끔찍한 상황을 겪은 뒤에도 예전의 삶을 재개할 가능성, 영어로는 "되돌아갈bouncing back" 가능성을 말하고자 사용하는 용어입니다. 이 회복탄력성이라는 용어는 인간의 파괴와 궁핍에서 눈을 돌리게 만드는 신자유주의적 어휘에 속합니다. 이 용어는 사람들이 결코 완전히 망가지는 일은 없다고 전제하는 경향이 있습니다. 또 삶이 망가지거나 파열되는 일 같은 것은 없다고, 그리고 누군가가 망가지거나 어떤 삶이 파열된다 해도 아마 그 사람에게 내재하는, 다시 일어나 삶을 긍정하고 재개할 능력에는 결코 영향을 주지 않는다고 전제하는 경향이 있습니다. 회복탄력성 담론이 어떤 생명력의 해석에 근거를 두건, 그것은 일종의 형이상학적 보장으로, 낙관주의에 재빨리 의지하는 것으로, 어쩌면 일종의 부인denial과 거짓말로 작동합니다. 우리는 이 회복탄력성이라는 용어가 어떻게 비정부기구에 주어지는 공공 정책의 지침에 등장하는지, 그리고 어떻게 이 용어가 인간이라는 개념을 유연하고 잘 구부러지며 끊임없이 부활 가능한 존재로 선동하는지 알 수 있습니다. 어떤 파손이나 상실은 사실상 돌이킬 수가 없어서, 삶에 대한 감각을 파괴하면서 평생 그들과 함께 가는데도 불구하고, 아니 바로 그런 때일수록 말입니다. 그들이 삶을 계속 살아간다 해도, 살 만하지 않은 삶과 더불어 계속 산다는 것은 회복탄력성과 같다고 볼 수 없습니다. 아니요, 전혀 다른 것이지요. 사실 제가 우려하는 것은 "회복탄력성"이라는 용어가 현실을 부정하고 트라우마를 억압하는 작용을 해서, 더 이상 회복할 가능성이 없는 게 분명한데도 너무 급히 회복의 가능성을 보고 회복의 가능성이 있다고 여기는 것입니다.

그래요. 어쩌면 이것은 격론을 일으킬 만한 여담이겠죠. 하지만 이 논의 덕분에 다시 원래의 주제로 돌아가게 되는데요. 즉 우리가 지금 살 만하지 않은 경험을 한 주체, 그런 경험을 겪는 중에 혹은 겪은 후에 그 경험에 이름을 붙일 수 있는 주체에 관해 이야기한다는 가정 말입니다. 주체가 그 경험에 이름을 붙일 언어를 박탈당했거나 그 경험을 명명할 언어를 찾느라 몸부림치고 있다는 것은, 그 경험이 살 만한 것이 아니었다는 징표일 수 있습니다. 그렇다고 그 반대의 경우가 사실인 것은 아니지요. 즉 때로는 살 만하지 않은 삶을 표현할 언어가 있을 수 있는데, 그렇다고 그 경험이 살 만한 것이 되었다는 의미는 아니라는 것입니다. 언어가 척도나 기준이 되는 것은 아닙니다. 살 만하지 않은 경험을 한 각각의 사람에게 그 경험이 똑같은 방식으로 기록된다고 말할 수는 없지만, 그래도 살 만하지 않은 경험을 타인과 공유할 때는 상황이 달라집니다. 사람들이 함께 보트 위로 떠밀리고, 함께 바다에 버려지고, 함께 폭력을 당하고, 생존자는 가족이나 이웃을, 친구와 연인을 모두 잃었습니다. 살 만하지 않은 경험을 함께 공유한다면(각자 다르게 공유한다고 해도), 그 덕분에 조금이라도 더 살 만한 것이 될까요? 오늘 우리는 앞서서 난민 행동주의refugee activism에 대해 이야기했습니다. 합당한 거주지도 없고 의료 서비스나 영양 공급도 받지 못한 채 국경 지대에 모여 사는 이주민들은 자신들이 살 만하지 않은 경험을 함께 겪고 있다고 생각하지만, 그 와중에도 공공 기구와 기관, 정부 기구와 기관, 또는 국제 기구와 기관으로부터는 분명 받지 **못할** 지원을 제공하기 위해 소통 네트워크와 상호 의존의 양식을 생산해내기도 합니다.

이런 조건들을 함께 평가하거나 이해할 수 있게 된다면, 살 만하지 않은 경험을 겪는 중이거나 겪어온 사람들 사이에서 어떤 변화가 만들어지거나 혹은 만들어지기 시작할까요? 제가 말하고 싶은 한 가지는 이러한 상황 속에서 주체의 조건은, 프레데리크 선생님의 용어로 말하자면 주체성의 조건은, 또한 상호주체성의 조건이기도 하다는 것입니다. 그리고 이 상호주체성이라는 단어가 중요합니다. 우리가 현상학적으로 상호주체성을 말할 때 그것은 모든 차이가 지워진 집단적 주체와 같은 것이 아닙니다. 그보다는 공동의 상황을 함께 겪으면서 공동의 상황을 평가하고 이해하게 된 차별화된 네트워크 혹은 차별화된 집단을 가리킵니다. 예컨대 "휴대폰을 어디서 구했어요?"라든가 "여기에 음식이 있다고 들었어요" 아니면 "우리는 정치적 주장을 하기 위해 조직을 만들어서 다 같이 담장 쪽으로 갈 거예요" 같은 것 말입니다. 그러니 이렇게 말할 수 있을지 모르겠지만, 제가 보기에는 누군가와 공유된 살 만하지 않음이 있다면, 인간의 상호의존성에 대한 그 무엇이, 식량과 보호소와 이동성과 법률 상담에 대한 의존이, 그래서 인간의 사회성의 기능과 같은 살 만함에 관한 그 무엇이 전면에 등장하는 것으로 보입니다.

제 생각에 삶을 더 살 만하게 만드는 것은 바로 이런 삶의 측면들입니다. 즉 살 만함을 보호하고 촉진하려는 규범에 따라 조직된다면 말이지요. 프레데리크 선생님이 주체적이라고 부르는 조건이 저에게는 상호주체적이라고 부를 만한 조건인데, 자아란 인간의 상호의존성을 지원하는 인프라 없이는 등장하지도 지속되지도 못한다고 생각하기 때문입니다. 살 만하지 않음이라는 공통의 조건에 직면했을 때, 저는 경제적·사회적 인프라, 국제기관과 (해양법을 포함한) 국제적 의무, 또는 지역사회나 국가와 관련해서 무엇이 실패였는지 묻고 싶습니다. 그런 실패는 어디에 있고, 어쩌다가 생겨나서 사람들이 버려지거나 방치되거나 폭력에 노출되는 걸까요? 공동거주cohabitation의 가능성을 위한 조건들을 포함하는 상호주체적인 제도적 조건들을 어떻게 복원하거나 바로잡거나 혹은 처음으로 구축함으로써 그러한 가능성을 박탈당한 인구 집단의 삶이 점점 더 살 만한 것이 되도록 만들 수 있을까요?

주체를 상호주체성으로 언급해야 하는 이유는 당신의 삶이 살 만하지 않고서는, 그리고 수많은 삶들이 살 만하지 않고서는 나의 삶도 살 만하지 않기 때문입니다. 왜냐하면 우리는 공통되게 서로에게 의존하고 있고 공통된 삶을 위해서 사회구조에 의존하기 때문이지요. 나라는 주체는 유아기만이 아니라 평생을 돌봄에 의존하며, 여기서의 "돌봄"은 모성적 특성이라기보다는 살 만한 삶을 위한 사회적이고 제도적인 대비를 의미합니다. 우리가 의존하는 구조가 실패하면 우리 또한 실패하고 쓰러집니다. 그리고 우리가 입은 폐해는 정신적 삶까지 포함해서 우리의 삶에 개별적 사건으로 등록되겠지만, 이런 상실과 실패는 사실 어느 정도 공동체가 나눠 갖는 것이고, 어느 정도는 사회적, 경제적, 정치적인 것입니다. 따라서 우리가 살 만한 삶의 조건과 살 만하지 않은 삶의 조건에 대해 따져 묻고자 한다면, 삶을 비옥하게 하는 제도적 지원과 인프라를 살펴보아야 합니다.

게다가 이런 상호의존성의 조건이 없다면 살 만한 삶도 있을 수 없는데 이는 또한 평등의 원칙을 함축하기도 합니다. 그것은 서로 비교해서 측정되는 독립적 개개인의 평등이 아니고, 딱히 개인들 간의 평등도 아닙니다. 그보다 제가 염두에 두고 있는 것은 사회적, 경제적 삶에서 서로 의존하는 사람들의 관계를 그리는 평등입니다. 그러므로 상호의존성의 특징이자 그 결과인 평등이지요.

제가 맞다면, 살 만한 삶의 상호주체적 조건은 타인의 삶에 대한 나의 일종의 의무를 암시하며, 그 타인 역시 나에게 의무를 지고 있습니다. 이 의무는 개인을 정의하고, 개인의 주장을 탈중심화하는 사회적 관계에서 비롯됩니다. 그런 조건을 명시한 계약서가 없더라도 나의 삶은 당신의 삶과 묶여 있습니다. 나의 삶은 또한 내가 잘 모르는 삶, 내가 쓰지 않는 언어를 쓰는 삶, 내가 사는 곳에서 아주 멀리 떨어져 사는 사람들의 삶과도 묶여 있습니다. 이런 다른 사람의 삶이 없다면 나의 삶 같은 것은 존재하지 않습니다. 다른 사람의 삶이 없더라도 나의 삶은 존재한다고 말하는 것은 바로 자아가 어떤 것인지를 오해하는 것입니다. 일단 우리가 이처럼 개인을 규정하면서 서로 묶여 있는 상호연결, 공동체나 국가의 제한을 받지 않는 상호연결을 이해한다면, 평등에 대한 정치적, 경제적 이해에 더욱 쉽게 접근할 수 있을 것입니다. 이 평등은 부의 불균등한 분배에 맞서 싸울 기준을 제공할 것이고, 이 세상의 특정 지역에서 위태성이 강화되는 데 맞서 싸울 기준을 제공할 것입니다. 제가 비폭력의 하나라고 주장하는 윤리적 의무에도 접근할 수 있습니다. 이때 윤리적 의무란 단순히 다른 사람의 목숨을 보호하는 것만이 아니라, 국경 없는 공동체의 일부로서 상호의존적인 삶을 지원하는 제도적 조건을 긍정하고 지지하는 것이기도 합니다. 이것은 공산주의적인 것이 아니고, 국가주의적인 것도 아니며, 종교적 소속이나 교구로도, 배타적 형태의 세속적 자기 이해로도 환원할 수 없는 것입니다. 그런 틀을 염두에 둔다면, 살 만한 삶과 살 만하지 않은 삶을 구분하는 기준을 향해 출발할 수는 있겠지만 다른 방향으로 나아가게 되겠지요. 선생님과 함께 살 만함의 조건을 이해할 수 있으면 좋겠지만, 삶의 문제 자체에 대해서는 어떻게 대답할 수 있을지 그만큼 확실하지가 않습니다. 삶 자체는 잘 모르겠어요. 어떤 대답을 드릴 수 있을까요? 글쎄요.

보름스: 말씀해주시지요.

버틀러: 아니요, 그건 프레데리크 선생님이 말씀해주셔야지요. (웃음)

보름스: 이렇게 말문을 열어주시니 감사합니다. 저는 간단히 대답하고 싶은데요. 물론 살 만한 삶과 살 만하지 않은 삶의 대립 너머에는 이런 대립을 활용하거나 실행하는 것도 있고, 이런 대립을 연구하고 표현하는 방법들도 있습니다. 예를 들어 생존자의 이야기, 즉 살 만하지 않은 삶을 경험하고 살아온 사람의 이야기는 (글을 쓰는 과정 중에 있기 때문에) 살 만한 삶을 마주해야 하는 동시에 (그들이 과거에 겪었던 살 만하지 않음에 대해 설명하려 하기 때문에) 살 만하지 않은 삶도 마주해야 합니다. 하지만 저는 서술narrative이 기술description은 아니라고 주장하고 싶습니다. 어떤 이야기를 한다는 것은 어떤 것에 대해 기술하는 것과 같지 않습니다. 특히 살 만하지 않은 경험이나 트라우마에 대한 것이라면, 이야기를 한다는 것은 오히려 그런 경험이나 트라우마를 이해하는 또 다른 방법입니다. 그리고 이것은 서술과 서술 불가능한 것의 한계를 통해 일어나는데, 그것이 사실 살 만하지 않은 삶의 한 측면이지요. 살 만하지 않은 삶에 대한 서술은 그 자체로 고유한 특성을 가지고 있어요. 즉 그런 서술은 내부에서

부터 망가져 있습니다.

트라우마에 관해서는 일화를 이야기하는 방식으로 이야기할 수 없습니다. 그렇게 말한다면 일어난 일의 진실을 왜곡하게 되겠지요. 그래서 샤를로트 델보, 프리모 레비,[5] 바를람 샬라모프[6] 같은 사람들의 서술에는 살펴봐야 할 몇 가지 특별한 특징이 나타납니다. 또한 이런 대립의 실천은 우리가 이야기했던 난민의 사회적 실천 속에도 있고, 이와 같은 모순에 빠진 인간 존재의 생명 반응 속에도 있으며, 심지어 이들이 살 만하지 않은 경험을 하는 중에도 살 만함을 일부 만들어냈던 극한의 상황들 속에도 있습니다. 제 입장을 말씀드리면, 저 또한 회복탄력성 개념이 공격적으로 적용되고 부활이라는 추상적 개념으로 전환된 맥락을 무시하는 경우 그 개념을 비판해왔습니다.

어쨌든 이러한 실천들이 이 대립을 무효화하지는 않습니다. 오히려 대립을 확인해주는데요, 살아 있는 동시에 죽어가는 난민이나 생환자의 서술—데리다가 썼던 '살아가기 living on' 또는 '생-존'[7] 의 상태—이 이런 대립을 무효화하지

5   〔옮긴이〕 Primo Levi (1919~1987): 이탈리아 화학자. 나치 강제
     수용소에서 생환한 뒤 살아남은 자의 수치에 대한 여러 글을 남겼다.
6   〔옮긴이〕 Varlam Shalamov (1907~1982): 러시아의 작가, 언론인,
     시인으로 소비에트 강제수용소 굴라크의 생존자이다.
7   〔옮긴이〕 sur-vivre: 삶을 지속하는 삶에 대한 것이면서 삶 너머의
     다른 것과 관련되는 삶의 이중성을 중의적으로 말한다.

는 않기 때문입니다. 두 개념의 불가분성이 둘의 대립과 긴장을 무효화하지는 않습니다.

따라서 제 질문은 이런 것입니다. 만약 이 모순을 무효화하지 않는 실천이 있다면, 그것은 여전히 생명의 존재론적이고 철학적인 기준으로 남을까요? 이런 대립을 삶 자체, 살 만하지 않은 삶 자체라는 토대 위에 세우는 일이 여전히 필수적일까요?

맞아요. 살 만한 삶과 살 만하지 않은 삶의 대립은 어떤 "토대"라기보다는 차라리 호소입니다. 그것은 우리의 비판과 우리의 행동을 촉구하고, 예술과 문학과 영화를 통한 우리의 표현을 촉구합니다. 하지만 이 모순이 이렇게 정리되어야 하고, 우리가 논의를 전개하기 위해 철학이 필요하다는 사실에는 변함이 없습니다. 예를 들어 "생명"이라는 어떤 가설적 본질처럼, 이 모순을 넘어서는 "토대"란 존재하지 않기 때문입니다. 살 만한 삶과 살 만하지 않은 삶의 대립은 다른 모든 사람에게 나침반 역할을 하며, 그 비판적 용도는 난민들의 구체적 삶의 사례에서처럼 난민들이 이런 모순에 갇혀 있기 때문에 우리의 생기적 실천을 이해하는 일에서 우리가 지향해야 할 바를 일러주는 것입니다. 우리 문화는 살 만하지 않은 삶에 붙잡힌 삶이 실제로 존재한다는 사실을 잊고 싶어 합니다. 이런 대립으로 인한 희생자(죽은 자) 아니면 이 대립을 벗어나서 살아 있는 자 둘 중에 하나만 있기를 바랍니다. 그러나 그것은 존재하고 있고 우리 모두의 관심사이며, 그래서 우리는 논의의 방향을 잡아야 할 필요가 있습니다. 적어도 제가 보기에는 그렇습니다.

버틀러: 간단히 말씀드릴 수 있다면, 제 생각에 우리는 한 가지는 동의합니다. 제가 틀렸다면 바로잡아주세요. 우리 둘 다 어떤 조건은 살 만하지 않다거나, 어떤 조건에서는 삶이 살 만하지 않게 된다는, 그리고 다른 조건에서는 삶이 살 만한 것이 된다는 강한 규범적 주장을 하고 싶어 합니다. 그러면서도 그 모든 게 불분명해지는 것은 바라지 않아요. 저는 그렇게 이해합니다.

하지만 저는 살 만한 삶과 살 만하지 않은 삶이 한 치도 겹치지 않는 완전히 정반대의 개념이라고 생각하지 않습니다. 살아가기라는 데리다의 개념을 받아들인다면, 살아가기는 살 만한 것일 수도 있지만 살 만한 것이 아닐 수도 있습니다. 예를 들어 파울 첼란[8]에게 살아가기란 한동안 살 만한 것이었지만 그다음에는 그렇지 못했습니다. 따라서 살아가기란 이 삶이 살 만해질지 아니면 살 만하지 않게 될지를 묻는 질문이 언제나 존재한다는 것을 의미합니다.

8   〔옮긴이〕Paul Celan(1920~1970): 루마니아 출신의 유대계 시인. 2차 대전 당시 홀로코스트로 부모를 잃고 강제수용소에서 고통을 겪은 후 생환했으나 이후 결국 자살로 생을 마감했다.

그렇지만 선생님이 모순이라고 부르는 것을 실제 삶의 과정에서 겪는다는 것을 안다고 해서 확고한 판단을 내릴 가능성이 허물어지는 것은 아니라고 생각합니다. 그렇죠?

삶은 모순을 겪으면서도 살 수 있는 것이라서, 그 삶을 구성하는 개념적 모순을 해결하지 않은 채 모순적인 방식으로 살아갈 수 있습니다. 보통 모순을 겪으며 살 때는 그런 모순을 긴장으로, 또 양가성으로 겪기도 하고, 어쩌면 어떤 종류의 분열을 통해 겪기도 합니다.

보름스: 양극성 말씀이시죠?

버틀러: 양극성은 그런 모순을 나타내는 친근하고 희망적인 표현입니다. 맞아요. 그래도 저는 개념의 수준에서 모순을 구분할 필요가 있다고 생각합니다. 이것은 현상학의 차원에서 경험될 수 있고 현상학의 차원에서 견뎌낼 수 있는 것입니다. 어떻게 이 모순을 겪고 살아냈는지를 묻는 건지, 아니면 이 모순이 타당한지를 묻는 건지가 중요하기 때문이지요. 두번째는 개념적인 질문이고, 첫번째는 현상학적인 순간이나 지속으로 돌아가는 것이에요. 더 구체적으로 말하자면, 삶에서 모순을 겪고 산다는 것, 혹은 모순에 둘러싸여 고통받는 삶을 산다는 것이 무엇인가 하는 문제로 돌아가는 것이지요.

로르 바리야스: 두 분께 드리고 싶은 질문이 있습니다. 지금 두 분이 말씀 나누고 있는 것의 배경에 대한 질문이기도 하고, 살 만하지 않은 삶은 무엇을 요구하는가에 대한 대답이기도 한데요, 두 분 모두 인간의 삶이 근본적으로 평등하다고 믿고 계시지만 이런 평등을 이뤄내기 위해 어쩌면 두 분이 다른 방법을 상상하는 것이 아닌지 궁금합니다.

제가 프레데리크 보름스 선생님의 저술을 읽으면서 받은 인상은 돌봄 관계가 살 만하지 않은 삶에 대한 해답이 될 수 있다는 것입니다. 반면, 주디스 버틀러 선생님의 저서에서 그 해답은 지원support의 네트워크라는 형태를 취합니다. 따라서 살 만하지 않은 삶에 대응하는 두 가지 다른 방법으로서 두 분 토론의 배경에 돌봄과 지원의 차이가 있을지 궁금합니다.

버틀러: 물론 돌봄의 문제는 현재 프랑스 철학 사상에서 큰 주제입니다. 저는 이 문제에 접근하려고 하면 약간의 두려움이 생깁니다. 돌봄에 관한 논쟁 중에는 제가 분명히 동의하는 측면도 일부 있습니다. 제 생각에 한 가지 문제는 미국 페미니즘의 역사에서 돌봄은 모성적 특성으로 이해되어왔고, 어머니가 무엇인지, 여성은 어떠해야 하는지에 관한 특정한 생각을 만드는 여성적인 가치와 페미니즘의 가치로 승격되었다는 것입니다. 즉 어머니는 돌봄을 제공해야 하는 사람이고,

여성은 어머니가 되어야 한다는 생각 말입니다. 제가 보기에 그런 생각은 젠더 정치라는 관점에서 매우 보수적인 것이었지요. 그리고 우리가 논의 중인 단어를 사용해 말해본다면, 우리 중 일부에게는 전혀 살 만한 것이 아니었고요. (웃음)

어떤 면에서는 (최근 영국에서 출간된 린 시걸Lynne Segal 과 캐서린 로튼버그Catherine Rottenberg의 『돌봄 선언*The Care Manifesto*』을 접하고 그랬듯) 프랑스에서의 논의 덕분에 저는 이 입장을 재고해볼 수 있었습니다. 선생님의 책이나 상드라 로지에Sandra Laugier 등의 책을 보고 돌봄이 다른 가치를 가진다는 것을 이해하는 데 시간이 좀 걸렸던 거죠. 또한 조앤 트론토Joan Tronto가 쓴 더 최근의 책도 마찬가지였고요(저는 상호의존성과 인프라의 지원에 대한 조앤의 글이 제 글과 매우 유사하다는 것을 알게 되었어요). 돌봄이 젠더 기질이나 특별히 여성만의 특권이 아닌 한, 돌봄이 단순히 엄마와 아이를 모델로 한 이원적 관계가 아닌 한에서, 또 제가 알기로 프레데리크 선생님은 돌봄을 관계적인 것으로 보는데, 돌봄이 관계적이면서 제도적인 것인 한에서, 저는 돌봄을 이해할 수 있고 연구할 수 있습니다. 제가 걱정하는 것은 신자유주의가 지배하는 시기이고, 그것은 사회적 재화와 사회적 자원과 사회적 복지가 심각하게 훼손되고 외주화되며, 연금이 고갈되거나 감소하고, (미국을 포함해서) 세계 각지에서 의료 서비스를 받거나 감당하기가 더 어려워지는 시기이며, 주거지가 보장되지 않고, 음식이 유해하거나 불평등하게 제조되고 분배되는 시기입니다. 저는 이런 시기에 때때로 신자유주의로 인해 빚어진 제도적 황폐화를 보완해줄, 자선활동의 도덕적 성향과 기독교 정신의 "돌봄"을 함양하라는 요청을 받게 될까 봐 우려스럽습니다. 그보다 사회복지 서비스와 공급은 정부가 명예롭게 생각해야 할 공공재와 공적 의무로서 다루어져야 하는 게 맞습니다. 항상 그런 식으로 작동하는 것은 아니지만 특정한 종류의 기독교적 가치가 격상되는 것은 좀 걱정이 됩니다. 이런 기독교적 가치는 경제적 황폐화와 궁핍을 보상하기 위해서 매우 전통적인 가족 개념과 여성의 돌봄노동 개념을 강화하는 경향이 있습니다. 당연히 저는 돌봄이 그런 식으로 작동하는 것을 원치 않습니다. 그런 식으로 작동할 필요도 없다고 생각하고요. 제 생각에 돌봄은 사실 제가 분명하게 표명하려 애쓰는 상호의존성의 원칙에 좀더 가까워질 수 있다고 생각합니다. 저는 바로 거기서 융합의 가능성과 잠재력을 봅니다.

보름스: 감사합니다. 간결하게 말하기 위해 주디스 버틀러 선생님의 핵심 저서 중 하나인『권력의 정신적 삶』[9]을 논의하는 것으로 다시 시작해보려 합니다. 이 책은 어떤 면에서 **돌봄**

9   Judith Butler, *The Psychic Life of Power: Theories in Subjection*,
     Stanford, CA : Stanford University Press, 1997.

의 역설 반대편에 있기는 하지만 사실상 돌봄의 역설을 보완해주기도 합니다. 선생님의 책에서 주체성의 출현이 말하자면 우리를 "창조하고" 또한 파괴할 수도 있는 권력에 달려 있다는 생각을 읽을 수 있습니다. 저에게 이 생각은 매우 중요한데 우리가 근본적으로 권력에 의존한다는 것을 인정하기 때문입니다. 하지만 이것은 돌봄이 뜻하는 바이기도 합니다. 돌봄이 반드시 자애로운 것은 아니거든요. 즉 돌봄은 지금의 우리를 더 좋게 만들 수 있지만, 어쩌면 더 나쁘게 만들 수도 있는 일차적 관계들입니다.

우리가 의존하는 돌봄의 관계는 우리가 살 만한 삶과 살 만하지 않은 삶의 양극성을 접하는 정치적 프레임에 휘말린 채 양극화되어 있고, 양가성을 띠는 데다가 사회적인 것입니다. 그렇기 때문에 돌봄은 더 좋은 것일 수도 있고 더 나쁜 것일 수도 있습니다. 제가 보기에 돌봄이 늘 자애로운 것은 아닙니다. 돌봄은 폭력의 위험, 혹은 제가 **침해**라고 부르는 것이 일어날 위험을 가로지릅니다. 그리고 프랑스에서 돌봄의 철학적 수용도 집단적이고 양극화되어 나타났습니다. 그 두 극단이 바로 레비나스와 타자와의 관계, 그리고 푸코와 의료 권력입니다. 이 둘 사이에서 양극성을 주장한 사상가가 바로 캉길렘으로 그는 정상적인 것과 병리적인 것, 돌봄과 권력에 대한 자신만의 생각을 가지고 있었습니다. 이러한 양극성은 사회적 관계와 교차하기도 하고 차별과 교차하기도 합니다.

예를 들어 돌봄은 종종 여성적인 것으로, 권력은 남성적인 것으로 간주됩니다. 간호사와 의사 사이의 양극성처럼 말이지요. 하지만 사실상 사회적인 것이든 인종적인 것이든 모든 권력관계는 돌봄 안에서 나타나며 돌봄에 내재하는 모순 속에서 작용합니다. 이 점에 있어서 저는 주디스 선생님과 크게 다르지 않다고 생각하는데, 이 때문에 돌봄과 권력은 그 안에 포함된 주체성을 파괴할 위협에 대응할 수 있습니다.

회복탄력성을 보장해주는 것도 없고, 이런 회복은 불가능할지 모른다는 위험을 무릅쓰더라도, 다시 말해 살 만하지 않음, 다시 살 수 없음, 회복할 수 없음이라는 바로 이런 위협적 현실을 무릅쓰더라도 주체성을 다시 세울 수 있게 해주는 것이 바로 이것입니다. 하지만 생기적 관계에서 우리가 그것을 돌봄이라 부르건 다른 무엇으로 부르건 간에, 돌봄과 권한이 없다면 정의에 대한 기대나 제도를 통한 회복, 또는 돌봄 속에 분투 중인 비판의 효과를 기대할 수가 없겠지요. 가장 친밀한 돌봄에도, 심지어 부모와의 관계에도 침해가 나타나고, 침해당할 위험이 있기 때문입니다. 물론 아버지와 어머니의 침해 둘 다 있고요!

어떤 독재자들은 자신을 "나쁜 부모"라고 주장합니다. 나쁜 아버지는 권위적이고 폭력적인 것을 자랑스러워하죠. 또 새어머니도 우리의 집단 무의식 속에서 매혹적인 자리를 차지하고 있습니다. 동화에서 그런 것을 볼 수 있는데, 이는 우연이 아닙니다. 분명히 말하지만 저는 돌봄을 이상화하지 않습니다. 반대로 돌봄을 비판적으로 보아야 한다고 생각하며, 이것이 제가 비판적 생기론뿐 아니라 비판적 휴머니즘까지도 옹호하는 이유입니다. 양가성과 양극성은 어디에나 있고, 그 때문에 어디에서든 비판이 필요합니다. 권력은 어디에나 존재하지만, 양극화되어 있어요. 이렇게 양극화되어 있는 것은 예컨대 인본주의에서도, 심지어 민주주의에서도 마찬가지입니다. 민주주의는 세상에서 가장 분파가 많고 명백히 비판적인 체제인데도 말입니다.

돌봄 실천을 비판하지 못하는 사람들에 대해서 말해보자면, 선생님 말씀이 맞을 것입니다. 선생님의 비판이 적중할 거예요. 하지만 우리가 그들을 비판한다면, 무엇이 생기적인 것인지 재발견하게 됩니다. 의료, 정의, 심지어 사랑과 우정까지도 말입니다.

버틀러: 질문 하나 드려도 될까요? 선생님의 돌봄 개념은 위니콧의 틀에 의거한 자녀 양육의 심리학적 설명에 얼마나 의존하고 계신가요?

보름스: 가능한 최고 수준으로요! (웃음)

버틀러: 좋아요. 그렇다면 자녀 양육의 장이 더 폭넓은 사회

적, 정치적 관계를 생각해보기 위한 모델이 되겠네요?

보름스: 아, 저는 전적으로 위니콧의 논의에 기대고 있지만, 부정성이라든가 문화, 정치, 민주주의에 대한 그의 생각을 포함해서 위니콧의 저작 전반에 기반하고 있습니다. 위니콧은 청소년기, 반항, 폭력, 공격성에 대해서도 글을 썼죠. 우리는 위니콧을 일차적 돌봄과 모성적 얼굴의 거울로만 환원할 수 없습니다. 다시 말해 그의 업적은 전체적으로 생각해봐야 합니다. 위니콧이 청소년기와 공격성에 대해 이야기할 때, 그리고 민주주의만이 그것들을 위한 공간을 제공해줄 수 있다고 이야기할 때는, 갈등의 본래 역할을 인정하는 것입니다. 위니콧은 그 누구보다도 1960년대 세대의 반란에 대해 깊이 생각했어요. 그의 작업을 일차적 사랑에 대한 사고로 축소하면 안 됩니다. 그는 증오와 공격성에 관해 쓴 멜라니 클라인Melanie Klein의 독자였습니다. 그는 곰돌이 푸가 아니에요. 그런데 그가 이행기 대상 혹은 안전 담요라는 개념을 발명했으니 그 자신이 쓴 말장난이기도 하겠네요!

버틀러: 제가 우려하는 것은 위니콧에게 부성적 돌봄은 모성적 돌봄처럼 "충분히 좋은" 것이 될 가능성이 전혀 없다는 점입니다. 또한 아동기의 돌봄에 관해서는 건전한 장면뿐만 아니라, 가족 구조, 친척, 입양, 복합 가족에 대한 여러 전제가

그의 연구에 들어 있다고 생각합니다. 부모가 여러 명이라든 가, 부모 말고 다른 사람들이 기존과 다른 방식으로 아이를 돌보는 등 여러 다른 단계를 거친 아동들에 대해서 생각해본 다면, 아니면 영어로 쓰인 멋진 책 『우리 모두의 친족*All Our Kin*』을 생각해본다면 어떨까요. 이 책은 아프리카계 미국인 의 친족 구조를 추적하고 있는데, 이런 친족 구조는 이원적 관계인 경우가 매우 드문 데다가 여러 세대에 걸쳐 있습니다. 아니면 현대의 퀴어 및 트랜스 친족 네트워크를 생각해보면 어떨까요. 이런 친족 네트워크는 친밀감과 연대성의 요소를 아동기 장면의 일부로 지니는 경향이 있습니다. 우리는 변화 중인 친족 모델 덕분에 위니콧 연구자들이 해줄 만한 설명에 도 실제로 변화를 가져올 수 있다는 것을 알게 됩니다. 위니 콧 연구자 중 일부는 입장을 수정하려고 합니다. 또한 자녀를 보육시설에 보내는 데 위니콧이 반대했다는 것은 중요한 사 실입니다. 그는 소위 말하는 영국 보육시설의 사회주의 시스 템에 비판적이었습니다.

보름스: 이해합니다. 그것은 시대에 뒤떨어진 생각이 지닌 위험이지요. 하지만 그 반대편의 위험도 지적할 수 있을텐데, 그런 위험을 감수했던 사람으로 누가 있을까요? 당연하게도 아버지의 이름과 아버지의 법을 이야기한 라캉이 있습니다. 사랑이 전적으로 어머니의 문제가 아닌 것은 사실입니다. 위

74

니콧이 의도치 않게 이런 실수를 촉발했을 수도 있습니다. 하지만 사랑이 모성적이지 않은 만큼 법도 부성적이지 않습니다. 각 관계는 사랑과 권력 사이의 비판적 양극성이라는 관점에서 바라봐야 합니다.

버틀러: 동의합니다. 하지만 저는 선생님께만이 아니라 저 스스로에게도 이런 질문을 해봅니다. 우리는 왜 사회성이라는, 또 경제와 정치라는 더 넓은 문제들을 다루는 모델로서 맨 처음 유아기 자녀 양육의 심리적 장면에서부터 논의하기 시작하는 것일까요? 물론 유아는 형성됩니다. 선생님도 유아를 형성하는 생기적 관계들에 대해서 말씀하셨지요. 하지만 유아의 형성을 도와주는 부모도 유아와 마찬가지로 사회적으로, 정치적으로, 그리고 언어와 사회 속에서 형성됩니다. 그러니 어디서부터 이 논의를 시작해야 할까요? 주체의 형성에 대해 생각할 방법은 수없이 많고 출생도 그중 하나지만, 그 출생에 앞선 역사가 완전히 다르듯, 그 출생을 이끌어낸 장면도 완전히 다른 별개의 문제입니다. 예를 들어, 병원에서 태어났는지, 또 어느 병원에서 태어났는지, 두 사람의 결혼 관계에서 태어났는지 아니면 혼외 관계에서 태어났는지, 부모가 두 명인지 아니면 네 명이나 다섯 명인지도 중요합니다… 제 말은 주체의 삶의 시작이라는 이야기를 시작할 다른 방법도 있다는 것입니다. 여러분이 태어나기 전에 누가 여러

분을 상상했나요? 누가 상상하지 못했나요?

보름스: 순수한 어린 시절에 관한 신화가 우리의 기초가 되어서는 안 된다는 말씀은 맞습니다. "모든 것"이 유년기에 펼쳐지는 것은 사실입니다만, 그렇다고 그것이 순수하다는 뜻은 아니지요! 오히려 반대로 어린 시절에는 부모의 사랑이 있고 그 사랑의 양극성이 있습니다. 그런 어머니, 아버지, 역사, 환경, 트라우마의 전달, 그 외 모든 것이 얽혀 있는 사회 구조도 있고요. 우리는 지뢰밭에서, 위험 지대에서 태어났어요! 그리고 "삶의 끝"이라는 관점에서 본다면, 질병에 대해서나 난민에 대해서도 똑같은 것이 사실입니다. 확실히 저는 취약성을 이상화하지 않습니다. 사실 취약성은 제가 비판하는 개념이지요. 하지만 취약성의 장면들은 인생의 전 과정에 걸쳐 나타나면서, 살 만한 삶의 한계를 보여주기도 하는 위험한 장면입니다. 취약성의 장면은 가장 위험한 장면이며 우리가 다시 논의를 시작할 출발점이 되는 장면이기도 합니다.

버틀러: 맞습니다. 좋아요. 감사합니다!

파리, 2018년 4월

후기

보름스: 주디스 선생님, 이번에는 지금 쟁점이 되는 문제들, 사건들 같은 것을 직접적으로 다루셨네요.

버틀러: 네.

보름스: 극단적인 사건들이지요. 이 사건들은 우리가 사는 현재 순간과 우리의 생각과 개념을 모두 필요로 합니다. 제가 궁금한 것은, 사건들을 통해서 살 만한 삶과 살 만하지 않은 삶이 어떻게 시험을 받는다고 여기시는지입니다. 무슨 뜻으로 여쭈는지 아시겠죠? 선생님은 난민의 상태와 관련해서 무엇이 살 만한 것인지 질문하고 있습니다. 그리고 저는 이런 생각이 듭니다. 살 만한 삶과 살 만하지 않은 삶을 구분하는 기준이 있어야 한다면, 제게 그런 기준이 있어야 한다면, 그것은 어떤 기준일까요? 또한 우리가 이 기준을 어떻게 사건들에 적용해볼 수 있을까요?

버틀러: 네.

보름스: 그리고 난민의 상황들은요? 어쩌면 너무 방법론적인 질문일 수도 있겠습니다만, 그래도…

버틀러: 아니요, 중요한 질문입니다. 한 가지 문제는 이런 것

이라고 생각합니다. 우리가 기준을 정하는 것으로 시작해서, 이론적 층위에서 그 기준에 대해 논의하고, 그다음에 살 만한 삶과 살 만하지 않은 삶 사이에 경계를 긋는 것을 정당화하는 건 무엇인지 물어야 할까요? 그러고 나서 이론을 경험적 사례에 적용하나요, 아니면 이런 사건들에서, 사람들이 집을 떠나 이주하거나 도망가고 폭격이나 굶주림을 겪는 방식에서, 살 만하지 않은 삶과 살 만한 삶에 관해 무언가를 알게되나요? 다시 말해, 우리는 살 만하지 않은 것이 무엇인가에 대한 새로운 의미를 얻게 되나요, 아니면 그것은 역사적 관점에서 살 만한 삶과 살 만하지 않은 삶이란 상대적으로 무역사적인 조건이라고 오해하는 경우일까요? 즉, 우리는 어떤 상황에서도 사실에 부합하고 효력이 있는 구분인 것처럼 진행해야 하는 걸까요? 말하자면, 저는 지금 1915년 프로이트가 전쟁에 대한 단상을 썼을 때를 생각하고 있습니다. 그는 대량 살상과 참호전의 발달로 인해 무엇인가 역사적으로 새로운 일이 일어났고, 전례 없이 너무나 많은 생명이 전쟁으로 또 그와 같은 방법들로 목숨을 잃었다고 주장했습니다. 물론 그는 뒤이어 무슨 일이 일어날지 몰랐습니다. 프로이트는 완전한 파괴의 참상이 어떤 것인지 알기도 전에 이미 제1차 세계 대전의 경험으로 압도당했습니다. 그래서 이 때문에 프로이트는 삶과 죽음에 대해, 살 만한 삶의 한계에 대해 다르게 생각하게 되었을까요?

보름스: 네, 저는 그렇다고 생각합니다. 물론 전쟁과 죽음에 대한 숙고를 통해 그의 연구는 전반적으로 삶과 죽음 쪽으로, 삶 충동과 죽음 충동으로 향하게 되었습니다. 하지만 그다음에 아마 다시 심리적 충동을 통해서 전쟁을 분석했을 텐데, 왜냐하면 전에 갖고 있던 이론이니까요. 프로이트는 전쟁을 탈-정치화했다는 비난도 받았는데, 실제로는 그렇지 않았습니다. 제가 말하려는 요점은 난민 상황이나 우크라이나 전쟁, 혹은 살 만하지 않음과 관련된 극단적인 새로운 역사적 경험에서 우리가 무언가를 배우게 된다는 것도 사실이라는 겁니다. 동시에 저는 이것이 이러한 범주들에 대한 시험이라고도 생각합니다. 그 이유는 제가 난민에 관한 선생님의 질문에 대해서 생각하고 있었고, 그 질문은 살 만한 삶과 살 만하지 않은 삶의 범주 안에서 분석될 수 있다고 생각하기 때문입니다. 하지만 우리는 이러한 개념들을 명확히 정의하고 또 재정의해야 한다고 생각하며, 다른 상황들로 인해서 이런 개념들이 어떻게 만들어지는지 연구해야 한다고 생각합니다. 제가 말씀드리려는 것은, 우리가 살 만한 삶과 살 만하지 않은 삶이 무엇인지에 대한 질문을 생물학적으로 환원해서 받아들인다면 난민의 문제도 난민의 생존 능력으로 축소하려는 경향이 있을 것이라는 말입니다.

반면 우리가 이야기하는 난민 상황의 역사적 다양성을 고려하더라도, 난민과 관련해서 즉시 떠오르는 생각은 그들의 위치가 육체적으로나 정신적으로 이른바 살 만하지 않은 상태라는 점입니다. 그래서 이것은 전적으로 정치적인 문제입니다. 이들은 어딘가에서 추방을 당했습니다. 선생님 말씀대로 인간적이고 정치적인 틀에서 떨어져 나온 것이지요. 그래서 우리는… 난민에 대해 생각하는 "우리"는 난민과 전적으로 정치적인 관계에 있습니다. 살 만한 상황과 살 만하지 않은 상황은 관계적인 범주이지요. 따라서 우리는 상황들을 서로 구분해야 합니다. 물론 우리가 느끼기에 프로이트가 원초적 고통이나, 소위 일차적 무력감이라 부를 만한 것을 이들이 떠올리게 한다 해도 말입니다.

버틀러: 맞습니다.

보름스: 제가 무슨 뜻으로 드리는 말씀인지 아실 겁니다. 선생님은 어떻게 논의를 진행해나가고 싶은지 모르겠지만, 아마도 이제 상황에 대한 이야기로 넘어가도 될 것 같습니다. 어쨌든 저는 우리가 범주에 대해 알게 되는 것이 상황들에서 오기도 하지만 그 반대 경우도 있다는 것을 확실히 해두고 싶었습니다.

버틀러: 네, 새로운 역사적 상황이 우리가 파악하려는 범주를 변화시킨다는 의미에서 보면 그 반대도 맞겠네요.

보름스: 살 만한 삶과 살 만하지 않은 삶이 무엇을 의미하는가라는 특정한 지점으로 돌아가지 않는다면 지금 어떤 일이 일어나고 있는 것인지 엄밀하게 이해할 수 없습니다.

버틀러: 정확한 말씀이라고 생각합니다. 하지만 저는 지금 메를로-퐁티를 생각하고 있어요. 메를로-퐁티는 삶의 필요조건인 기본적 욕구에 대해서 주장합니다. 사람은 먹어야 하지만, 음식은 특정한 방식으로 구성되고, 식사는 항상 특정한 방식으로 이루어진다고 말할 수 있겠네요. 따라서 모든 기본적 욕구에 알맞은 양식modality이 언제나 존재합니다. 사람들에게는 주거지가 필요합니다. 몸을 따뜻하게 유지해야 하지요. 이를 생물학적 욕구라고 말할 수 있습니다. 하지만 몸을 따뜻하게 유지하는 일은 다양한 방식으로 이루어집니다. 따라서 생물학적 욕구의 층위에서도, 욕구와 우리 삶의 필요조건을 사회적으로 조직하는 특정한 방식이 있다는 것을 알게 됩니다. 그 말은 우리가 병원에 가서 이 사람의 체온이 떨어졌다고 말하거나, 이 사람이 탈수 상태라고 말한다고 하더라도, 이것을 생물학으로 환원하기란 거의 불가능하다는 뜻입니다. 우리는 유기체에 대한 어떤 사실을 기술하는 중이며, 의사가 그런 유기체에 대해 기술하는 대로 이들을 기술하는 게 옳다고 믿습니다. 동시에 그 사람은 특정한 맥락에서 특정한 방식으로 목이 마른 상태이며, 특정한 상황에서 특정한

병력이 있어 체온이 떨어지고 있습니다. 우리 중 다수가 생물학이라 부르는 것을 기술하는 데 따라, 의료의 틀이 다르게 나타날 수 있습니다. 그러니 어떤 사람이 어떤 경험을 어떻게 겪게 되는지, 그 경험이 무엇인지를 기술하기 시작하는 순간, 우리에게는 그 경험을 기술하기 위해 이들이 가져온 언어와 우리가 가져온 언어가 있어서, 여기에서 어떤 특정한 번역이 발생합니다. 우리가 생물학적 욕구에 대해서 말할 때도, 이 욕구가 매우 특정한 사회적 상황에서 표명된다고 말하는 것입니다. 어떤 사람이, 강제수용소에서 타인들과 함께 산다는 것에 대해 기술한 프리모 레비의 글을 읽는다고 합시다. 프리모 레비는 책의 어떤 대목에서 누군가 다른 사람이 그가 먹고 싶은 것과 똑같은 빵 조각을 먹고 싶어 한다고 말합니다. 그들은 둘 다 매우 배가 고픈 상태이지만, 이 빵과 관련해서 서로 다른 종류의 관계가 성립합니다. 어떤 사람들은 무슨 일이 있어도 빵을 훔칠 것입니다. 어떤 사람들은 선뜻 빵을 내주거나 고심 끝에 내줄 것입니다. 또 어떤 사람들은 "좋습니다. 당신이 이 조각을 먹고, 나는 이 조각을 먹지요"라고 말할 수도 있겠지요. 아시다시피, 욕구의 생물학적 환원은 결코 완전하게 이루어지지 않으며, 설사 이루어진다 해도 매우 특정한 방식으로 이루어집니다.

보름스: 정확히는 모르겠습니다. 어떤 면에서 제게 이것은

훨씬 깊은 문제입니다. 왜냐하면 이것이 단순히 뭐랄까, 생물학적 욕구와 인류학적이고 문화적인 상황 간의 대립만은 아니기 때문입니다. 이런 상황은 "그들의" 삶이건 "우리의" 삶이건 삶과 어떤 관계도 없겠지요. 물론 문화적으로나 인류학적으로 유의미하지 않은 인간의 욕구란 없습니다. 그래도 이는 훨씬 더 깊은 것입니다. 예를 들어, 오늘날의 난민들과 전쟁 희생자들을 생각해보세요. 그들은 분명 다른 인간 존재에 의해서 중요한 무언가를 박탈당했습니다. 예를 들어 프리모 레비의 상황에서, 그가 단순히 배가 고픈 것만은 아닙니다. 어떤 권력이 그에게서 식량을 박탈한 것이지요. 이 배고픔은 만들어진 것입니다.

버틀러: 네, 맞아요. 누군가 유발한 위태성이죠.

보름스: 제 생각에 우리는 이런 유의 상황에서 우리 스스로 살 만하지 않은 삶으로 재현하는 것이 무엇인지를 알 필요가 있습니다. 그것은 단순히 육체적 고통이나 생물학적 고통만이 아닙니다. 그것은 인간이 만들어낸 고통의 상태입니다. 그리고 저는 그런 고통의 상태에 대해 **생각 중인** "우리"가 중요하다고 생각합니다. 선생님께서 당장 프로이트를 화제로 꺼내셨는데 상당히 흥미롭습니다. 왜냐하면 제가 보기에는 우리가 이런 사람들, 예컨대 난민들이나 수용소에 관한 증언이

기술하는 바와 우리를 동일시하면서도, 동시에 그런 상황과 우리를 차별화하려는 충동을 갖고 있기 때문입니다.

그게 이유이며, 자연스러운 것인지는 모르겠지만 거기에는 양가성이 있습니다. 제 생각에는 또한 바로 오늘날 난민의 상황이 국경의 확장이나 장벽의 확대와 맞물려 일어나는 이유이기도 합니다. 우리가 알기로 타인이 살 만하지 않은 상황으로부터 우리 스스로를 보호하려는 강력한 충동이 있기 때문입니다. 이렇게 "누군가에 대해 생각한다는 것"은 무엇일까요?

버틀러: 제가 말하려던 바입니다.

보름스: 그래서 우리가 표현하는 악순환이 있습니다. 우리는 살 만하지 않음이 만들어진다고 느끼는데, 무엇이 살 만하지 않음을 낳는지를 비판하는 대신, 일부 사람들에게 또 아마도 모든 사람들에게 뭔가 다른 것이 활성화됩니다. 살 만하지 않음을 더 악화시키는 경향이지요.

버틀러: 네, 그렇습니다.

보름스: 그렇다면 난민이 너무 많은 상황에서 그에 대한 반응이 뭐랄까, 양가적이라는 것을 어떻게 설명해야 할까요?

우리는 이에 저항하고 싶습니다. 그러나 상황을 악화시키는 무언가가 있습니다. 난민이 많으면 많을수록 국경 지역이 많아지고 입국 거부가 많아지니, 다시 더 많은 난민이 생겨납니다. 저에게 살 만한 삶과 살 만하지 않은 삶은 단순히 생물학적 범주가 아닙니다. 그것들은 복잡하고 양가적이며, 일련의 감정들과 뒤섞여 있습니다. 물론 선생님은 이런 〔살 만한 삶과 살 만하지 않은 삶의〕 범주 없이도 이러한 상황을 잘 이해하시겠지만, 같은 수준에서나 같은 방식으로 이해하는 것은 아니겠지요.

버틀러: 네, 하지만 선생님은 또한 살 만하지 않은 삶에 대한 무언가 때문에 우리가 상황을 외면하게 되고 상황을 더 악화시킨다고 말씀하시는 듯합니다.

보름스: 그리고 물론 이때 "우리"와 "나"는 누구인지도 심문해봐야 합니다.

버틀러: 네, 우리 둘은 상대적으로 평화와 안보가 보장되는 글로벌 상황에서 이야기를 나누고 있습니다. 그러니 이때의 "우리"의 범주에 누가 들어가는지 잠시 보류한 채 논의해봅시다. 살 만하지 않은 삶에 대한 무엇인가가 우리를 외면하게 만드는데, 그것은 우리도 그런 상황에 처할 수 있다고 상상하

고 싶지 않기 때문입니다. 하지만 우리 역시 그런 상황에 처할 수 있다는 것을 우리는 알지요. 그리고 그것을 부정하는 일은 고통을 더 크게 만들고요.

보름스: 네.

버틀러: 원칙적으로 일어날 수 있는 일입니다. 제 말은, 우크라이나 사람들은 자신들이 폭격을 당하거나, 살해당하거나, 잔인하게 집에서 강제로 쫓겨나거나, 사랑하는 사람이 죽는 모습을 보게 되리라고 생각하지 않았습니다. 제 말은, 러시아 군의 공격이 가능하다는 것을 알고 있는 사람들조차도 그런 일은 생각하지 못했다는 것입니다. 제 생각에는 이것이 우크라이나가 유럽을 이토록 불안하게 만드는 이유 중에 하나라고 생각합니다. 이런 것이죠. 잠깐만, 저게 우리잖아. 이게 우리라고? 이런 일이 우리한테도 일어날 수 있는 거라고?

보름스: 네, 바로 그렇습니다.

버틀러: 하지만 제가 선생님 말씀을 제대로 이해했다면, 선생님은 또한 외면하는 것이 상황을 더 확대한다고 말씀하고 있습니다. 한번 돌아서면, 그렇게 돌아선 채 그 자리에 그대로 있기란 거의 불가능합니다. 그렇죠? 외면하지 않으면서,

어느 정도 거부하지 않으면서는 말이지요. 하지만 이런 양가성 또한 상황을 확대하는 부분입니다.

보름스: 저도 그렇게 생각합니다. 상황이 복잡하게 얽혀 있다고 생각은 합니다만, 단지 "여기에 무언가 살 만하지 않은 것이 있다고 느껴져"라고 말하고 나서 상황을 분석하고, 그다음에 누군가가 "그래, 이것이 그들에게 살 만하지 않은 것이라면 우리가 바로잡고 도와주고 돌봐주고 싶어"라고 말한다는 것이 너무 단순하다고 생각하기 때문입니다. 물론 루소의 "pitié"에는 양가적인 면이 있습니다. 영어로는 동정심compassion이 맞을까요, 아니면 연민pity이라고 해야 할까요?

버틀러: 네. 영어로 어떻게 번역할지에 대해서는 논쟁이 있습니다. 일반적으로 연민이나 동정심으로 번역하기는 합니다.

보름스: 최소한의 의미네요.

버틀러: 그러게요.

보름스: 루소가 말하길, 말은 길거리에서 죽은 말을 보면 외면하고 지나간다고 합니다. 그리고 또 말하길, 인간에게는 타고난 동정심이 있지만, 또한 동정심을 외면하는 경향도 타고

났다고 합니다.

버틀러: 네, 그게 아니라면 우리가 우리의 동정심을 배반하는 것이겠지요. 아마 우리가 삶을 향해서 가고 있다고 생각하겠지만, 어쩌면 우리가 삶에서 등을 돌리고 있는 것인지도 모릅니다. 잘 모르겠어요. 이것을 동물과 인간이 모두 하는 일이라고 생각하신 점이 흥미롭네요.

보름스: 시몬 베유는 "le malheur"(불운misfortune 또는 고통misery)이 "dégout"(증오hatred 또는 혐오disgust)의 반응을 만든다고 했어요. 우리는 타인의 살 만하지 않은 삶 앞에서 거부감을 느낍니다.

버틀러: 네, 우리는 때로 그러기도 합니다. 그것이 선생님이 설명하신 양가성의 한 부분이지요.

보름스: 오늘날 살 만하지 않음이 확대되면서 우리는 예측하지 못한 층위에서 이러한 양가성의 문제와 대면하게 된다고 생각합니다. 우리는 이 문제, 살 만하지 않음이라는 문제를 심지어 비인간 생명체에 대해서까지도 해결하고 싶어 하지만, 살 만하지 않음의 정도는 과잉보호, 장벽 세우기, 국경 강화, 배척, 분리 등의 반응도 양산합니다… 이것은 상황을 더

악화시키는데, 우리는 인간이 만들었고 이후에도 계속해서 만들고 있는, 살 만하지 않음에 대해 이야기하고 있기 때문입니다. 그리고 우리는 어떤 면에서 이것이 우리가 하고 있는 일이라는 것을 알고 있습니다. 제가 보기에 살아 있는 존재가 된다는 것은 양가적이 된다는 것이기 때문입니다. 삶과 죽음은 우리 안에 있습니다. 삶과 죽음이 바깥에만 있는 것은 아닙니다.

버틀러: 네, 저도 팬데믹이 완화되면서—저는 팬데믹이 끝나지 않았다고 보지만, 이 세계의 특정 지역에서 완화되고 있다고 가정해봅니다—팬데믹을 완전히 끝내고 싶은 욕망이 매우 강렬하다는 점이 흥미롭다고 생각합니다. 매우 똑똑한 사람들까지도 팬데믹은 끝났다고, 감염병에 대해서 더 이상 걱정할 필요는 없다고 열심히 선언합니다. 그들의 추론에는 세 가지 기본 단계가 있는데 다음과 같습니다. '우리는 고통을 겪었다. 우리의 고통은 이제 끝났다. 이제 우리는 자유롭게 일상생활을 재개해도 된다.' 그러나 우리가 일상생활을 재개할 때, 취약한 상태로 남아 있는 사람들, 면역이 약한 사람들, 신체적 조건이나 감염 민감성 때문에 아직 쉽게 세계를 이동할 수 없는 사람들이 있습니다. 이들은 '다수'의 이름으로 버려지거나 희생되어야 할까요? 만약 그렇다면, 우리는 잔인한 공리주의자가 되어버립니다.

이 논의는 다시 기후 변화의 문제, 그리고 우리가 지금 삶을 살아가는 방식의 문제로 돌아옵니다. 복수형이 하나만 있는 것도 아닌데 계속 "우리"라는 말을 쓰고 있습니다만, 아마 이 "우리"는 지구의 운명 앞에 우리 모두가 연루되어 있음을 보여줄 것입니다. 기후 변화에 직면해서 우리 중 상당수가 그것을 외면하고 있습니다. 무슨 말인가 하면, 우리는 기후 변화의 상황을 알고, 그에 대해 이야기하고, 그에 대해 한탄합니다. 우리는 누군가가 그 문제에 대해 뭔가를 해주길 바라지만, 또한 상대적으로 손도 대지 않은 채로 우리가 누리고 싶은 특정한 형태의 즐거움을 위해, 우리의 권리라거나 우리 삶의 양식이라고 느끼는 특정한 형태의 즐거움을 위해 그것을 외면합니다. 물론 기후 변화의 한가운데에 사는 일부 사람들에게는, 예를 들어 브라질 원주민의 땅에서는 원주민의 삶의 세계에 인간이 개입하게 되면서 독성 토양이 만들어졌고, 그에 따라 원주민은 마실 수 있던 물을 마실 수 없게 되었고, 수 세대 동안 경작해왔던 작물이자 그들에게 필요한 작물을 경작할 수 없게 되었습니다. 이들의 정치적 저항은 물론 정치적이며 매우 강력합니다. 이들의 저항은 기업의 채굴주의 extractivism에 대한 것이기도 하고 환경 파괴에 대한 것이기도 하죠. 그럴 때에도 더 특권적인 위치에 있는 우리는 그것에 대해 배울 수 있고, 무슨 일이 벌어지고 있는지 알 수 있고, 대기와 토양과 수질에 무슨 일이 일어나고 있는지 이해할 수 있을 것이라고 생각합니다. 우리가 이 모든 것에 의지해 살아가며, 우리의 입장을 이용해 변화를 촉구한다는 것을 숙지한 상태에서요. 하지만 우리 중 많은 이들이 잠재적으로 우리 자신의 삶과 생활 방식을 포함해서 삶의 근본적인 요소를 파괴하는 것이 무엇인지를 외면합니다. 완전히 무력화하지 않으면서 이를 통합해내기란 매우 어렵습니다. 하지만 그것은 여전히 해야 할 숙제입니다.

보름스: 그 부분에서 아주 중요한 말씀을 해주셨어요. 충격적인 것은 우리가 한 극단에서 다른 극단으로 나아간다는 것입니다. 다시 한번 "우리"는 매우 중요합니다. 우리는 팬데믹을 끝내고 싶어 합니다. 그러니까, 우리 안의 무언가가 끝나기를 원해요. 그리고 그런 식으로 생각하는 것이 삶 충동이든 죽음 충동이든 간에 이것은 복잡한 문제입니다.

버틀러: 네, 삶을 향한 빠른 움직임인데, 그것이 부인에 기반한 것이라면 더 많은 죽음을 초래합니다.

보름스: 네, 그럼에도 불구하고 우리는 끝내고 싶어 합니다. 그리고 선생님이 아주 적절히 덧붙이셨는데요, 그것이 바로 정의입니다. 우리에게는 끝났다고 해도 몇몇 사람들에게는 끝나지 않았다는 것을, 더 취약한 사람들, 아직 취약한 상

태로 남아 있는 사람들이 있다고 선생님은 말하고 싶은 것이지요. 우리는 기후 변화를 보편적 위험으로 간주해 외면turn away하는데요, 제가 좋아하는 표현으로는 눈길을 돌리는look away 것이죠. 그럼에도 우리는 특정한 사람들이 다른 사람들보다 더 취약하다는 것을, 그들의 세계가 이미 파괴되고 있다는 것을 알고 있습니다. 이것이 단지 미래에 대한 전망만은 아닙니다. 기후 문제와 팬데믹 두 경우 모두, 우리는 이것을 다 겪었고 이제 끝났다고 생각하거나, 그게 아니라 일부 사람들에게는 아직 끝나지 않았다는 것을 인정한다면, 우리가 거부하는 것은 공통된 취약성common vulnerability이라는 생각입니다. 공통된 취약성이란 팬데믹이고 기후 문제이며 심지어 우크라이나 전쟁이기도 합니다. 이런 것들이 우리가 지구상 어디에서도 취약성으로부터 보호받지 못한다는 것을 상기시키는 작용을 합니다.

버틀러: 어떤 면에서 그것은 참을 수가 없는데요. 제 말은, 우리는 환상을 가지고 있죠…

보름스: 그것은 새로운 종류의 참을 수 없음이지요.

버틀러: 네, 맞아요. 취약성을 극복한다는 환상은 이런 상황이 지속된다는 것을 증명합니다. 이 환상이 참을 수 없는 상

황과의 대면을 막고 있기도 합니다만 여전히 그런 현실을 입증하는 것이죠.

보름스: 동시에 정치적으로 할 수 있는 유일한 해답은 이러한 공통된 취약성이 "우리"와 "그들"을 생각할 새로운 방식을 만들 수 있다는 것을 시인하고, 생기적으로 말해서 팬데믹을 끝내고 싶은 욕망이 합당하다는 사실을 인정하는 것입니다. 하지만 우리는 또한 팬데믹을 끝낸다는 것이 오로지 팬데믹의 원인 및 팬데믹의 결과에 맞서 싸운다는 의미이며, 의학적 측면에서 싸우고, 사회적 측면에서 싸우고, 글로벌 공중 보건을 위해 싸운다는 의미여야 한다는 것을 인정해야 합니다. 우리는 끝내려는 욕망을 결국 죽음을 의미하는, 일종의 평온을 향한 수동적 충동에서 다른 것으로 바꿔야 합니다. 그보다도 팬데믹을 끝내고 싶은 욕망이 부정적 요건—의료 서비스의 실패뿐만 아니라 환경적 취약성, 그리고 팬데믹을 초래한 다른 온갖 사회적, 경제적 실패—과 맞서 싸우려는 욕망이라면, 특정한 사람들이 다른 사람들보다 더 취약하며, 우리는 보호받는 사람이라는 생각을 깨뜨리게 될 것입니다. 기후에 대해서도 마찬가지인데, 우리는 "올려다보기look up"를 원치 않기 때문입니다. (물론 영화 〈돈 룩 업〉[1]은 재미있었습

---

1   〔옮긴이〕 Don't Look Up(2021): 지구를 향해 돌진하는 혜성의 존재를 발견한 박사과정생과 천문학자가 지구 종말의 재앙이

니다.) 네, 원치 않죠. 우리는 눈길을 돌립니다. 토양, 공기, 수질이 유독하다고 생각하면 참을 수가 없기 때문입니다.

버틀러: 네. 지각 있는 존재가 살아가기 위해 의존하는 조건 자체가 인간의 무분별한 개입으로 인해 파괴되었습니다.

보름스: 난민 상황도 마찬가지입니다. 토대가 움직이고 있어요. 푸코가 말했듯이 그것은 우리 바로 밑에서 움직이고 있습니다.

버틀러: 맞습니다. 지금 우리가 이런 말을 하는 동안에도 누가 난민이 될지 알 수 없습니다. 강제 이주자 수가 현재의 1억 명을 넘어서 얼마나 더 늘어날지도 알 수 없고요.

보름스: 유독 물질이라는 개념으로 돌아가보겠습니다. 이것은 매우 흥미로운 개념인데요. 제가 환경 위기 및 유독성과 관련된 책을 몇 권 읽고 이해한 바로는 어떤 것이 구조적으로 "해롭고nuisible" "유해한nocif" 것일 때, 즉 본질적으로 질병을

_____

임박했음을 경고하려고 언론사를 찾아다니지만 외면당하는 내용의 SF 블랙 코미디. 제목의 '올려다보지 말라'는 하늘을 보면 혜성 충돌의 위기를 직접 확인할 수 있는데도 '위기를 외면하라'는 역설적 의미로 보인다.

유발할 때 그것은 유독합니다. 예를 들어, 대기 오염과 같은 우발적인 상황이 있습니다. 공기가 유독하다고 할 때, 할 수 있는 일은 아무것도 없습니다. 그것은 구조적으로 여러분을 죽이고 있어요. 여러분을 죽이는 것이 공기 중에 있고 공기의 일부가 된 것이지요.

버틀러: 역사적으로 만들어진 상황이지만 시간이 지나면서 구조적인 것이 되지요…

보름스: 그저 우발적인 오염일 뿐이지요. 따라서 유독한 환경은 구조적으로 여러분을 파괴하며, 여러분이 지속될 수 없게 하는 환경입니다.

버틀러: 그렇다면 해독은 구조적인 변화를 포함하는 것이겠네요?

보름스: 맞아요. 그러면 해독을 위해 우리는 어떤 일을 할 수 있을까요?

버틀러: 글쎄요. 아시다시피 선생님이 언급하셨던 이야기로 되돌아갈 수 있겠는데요. 우리가 우리 스스로를 보존하려고 할 때 어떤 "우리"가, "우리"라고 부를 수 있는 어떤 집단

이 있다고 하셨지요. 팬데믹으로부터 벗어날 기회를 잃은, 면역력이 약한 사람들에게는 이런 "우리"가 문제가 된다는 것을 우리 스스로 인식하건 인식하지 못하건 말입니다. 하지만 환경 파괴, 환경 인종주의라는 문제도 존재하는데, 이것은 이미 많은 사람들이 그들의 물, 토양, 대기와 관련해 겪고 있는 문제입니다. 또한 기하급수적으로 늘어나고 있는 방대하고 팽창 중인 난민 인구도 있습니다. 유엔난민기구UNHCR에 따르면 지금 전 세계에 난민이 100만 명이 넘습니다. 선생님과 저는 난민에 속하지 않습니다. 바라건대 우리는 아직은 괜찮은 공기로 숨을 쉬고 있고, 우리의 수원에서 솟아 나오는 물을 믿을 수 있겠지요.

보름스: 맞습니다.

버틀러: 많은 사람들은 그렇지가 못합니다. 그러나 제가 제대로 이해한 것이라면, 우리 스스로를 보호하고자 하는 이 "우리"에게 이런 자기 보호는 특정한 집단이 해주는 것인데요. 이 집단은 전반적 상황에 **맞서서** 혹은 다른 곳에서 일어나는 상황에 **맞서서** 자신들을 보존하고자 하는 특정한 집단입니다. 그리고 이 집단은 스스로를 일반화된 "우리"와 분리함으로써 세계의 일부가 버려지고 거기서 유독성이 생겨날 수 있으며 팬데믹이 발생할 수 있는 상황을 실제로 확대하고 강

화합니다. 자신의 "생존"을 위해 불평등의 심화에 의지하는 것이죠. 그러니 이것은 삶의 충동일까요, 아니면 죽음 충동일까요? 바로 선생님이 설명하신 양가성, 즉 삶-죽음의 충동이 작동하는 순간입니다. 아프리카의 일부 지역에는 백신이 거의 보급되지 않았습니다. 값이 비싸고요. 구하기도 어렵습니다. 우리는 마치 세계의 이런 지역과 관련이 없는 것처럼 행동하고 있습니다. "우리"는 그런 장소에서 눈길을 돌리고, 자신을 보존하려는 이 집단적인 "우리" 주변에, 문자 그대로의 장벽 혹은 은유적인 장벽을 쌓아서 우리 자신을 보존합니다. 우리는 파괴의 확대에 일조하거나 방조하지 않으면서 이런 파괴로부터 거리를 둘 수 없습니다. 그것은 더 큰 파괴와 상실을 수반하고, 사회적이고 경제적인 불평등을 심화하는 것입니다. 그래서 어쩌면 그것은 독성화와 파괴가 여기에서 발생하지만 않는다면 다른 곳에서는 발생해도 괜찮다고 허용하는 죽음정치의 논리necropolitical logic일 것입니다. "거기"와 "여기"는 부인과 유기가 일어나는 가운데 안정적인 것이 됩니다. 그러니 우리 중 누구라도 그러한 근본적 불평등이 확정 또는 편향되어 재생산되는 이 세계의 모습에 동의한다면, 그것은 자신의 삶의 방식을 보존하려 하고, 그렇게 보존할 권리가 있다고 주장하는 이들이 있는 한편 이들이 외면하는 타인이 있다는 의미가 됩니다. 그러나 이들은 그런 타인에게 의존하며, 이들 혹은 우리는 그런 타인과 늘 관련을 맺는데, 이 타인들은 말하자면 파괴가 바로 눈앞에서 일어났기 때문에 눈길을 돌릴 수 없는 사람들입니다. 그러니 이 논리에 따르면 자기 보존은 파괴적인 의미를 내포하고 있는 겁니다. 해석하면 이렇게 되죠. "나는 나를 보존하기 위해 파괴할 것이다. 전쟁에 나가지 않을지라도, 나는 이 편파적이고 특권적이고 보호받는 집단을 보존하기 위해 파괴를 지속할 것이다."

보름스: 바로 그 점입니다. 그리고 제 생각에는 지난번에 우리가 살 만한 삶에 대해 대화를 나눈 후에 바뀐 부분이 바로 이런 살 만하지 않음의 일반화인 것 같습니다.

버틀러: 네, 좀더 말씀해주시겠습니까?

보름스: 팬데믹이 터지면서, 기후 인식 및 현실의 위기가 심각해지면서, 또 전쟁이 일어나면서, 이런 일반화는 삶의 철학과 정치가 필요하다는 것을 확인해주고 있습니다. 우리는 이러한 일반화와 보편화가 어떤 면에서 비판적 생기론의 입장 중 한 요소라는 것을 깨닫게 됩니다. 그것은 일반화되거나 공통된 조건을 통해서, 추상적 보편성뿐 아니라 소위 공통의 행성적 조건common planetary condition이기도 한 경험적 일반성에 의해서 보편성에 도달합니다. 행성적이라는 개념이 또한 매우 흥미로운데요. 선생님께서는 보편적 이상을 어떤 출발

점으로 삼아 비판적 정치에 접근하는 게 아니라, 구체적인 행성적 조건으로부터 비판적 정치에 접근하기 때문입니다. 저는 이런 일반화된 조건이 또한 일종의 면역 반사작용이나 부인과 같은 반응을 만들어낸다고 생각합니다. 지난번에 부인에 대해 같이 이야기를 나누었지요? 전방위 부인pan-denial 말입니다.

버틀러: 네. 일반화된 조건은 통찰과 그에 상응하는 윤리로 곧장 연결되지 않고 새로운 형태의 도피와 부인으로 이어지기도 합니다.

보름스: 글로벌한 부인이에요. 왜냐하면 참을 수 없는 것이니까요. 부정적인 것, 공통된 부정성에서부터 생각하고 시작하는 것은 참을 수가 없습니다. 제게 매우 중요한 질문이 하나 있는데요. 팬데믹이 우리 모두의 문제일 때, 우리는 어떻게 공통된 부정성을 가정할까요? 거기에는 계속해서 존재할 우리도 없고, 파괴에 맞서 보존할 장소도 없는데 말입니다. 우리는 경제의 글로벌화, 착취의 일반화에 대해서 이야기를 나누지 않았는데요. 이는 자연에 대해서 또 건강 상태에 대해서 소위 글로벌화가 미치는 영향과 불가분의 관계에 있습니다. 그러니 우리가 디지털 면에서도 취약하다는 사실을 포함해서 이 모든 글로벌 취약성에 대해 생각해본다면, 우리는 트

위터에도 취약합니다. 그 결과는 어떤 면에서 매우 폭력적입니다.

버틀러: 네, 우리가 행동을 위한 새로운 네트워크가 필요한 만큼 소셜 미디어를 멀리해야 할 한 가지 이유이기도 하지요. 그런데 우리는 진보를 이루고 있는 중일까요? 그리고 진보는 여전히 목표일까요, 아니면 문제가 되는 부분일까요?

보름스: 서양 철학에 나타난 역사 재현에서 알 수 있듯이 우리는 진보의 감각에 익숙합니다. 아직 완수하지는 못했지만 우리는 어떤 방향으로 가고 있는 중이며, 계속해서 더 취약한 사람들을 돕는 쪽으로 나아갈 테지요. 동시에 우리는 불의가 점점 더 커져가는 것을 보면서 그런 불의의 상황을 비판합니다. 이제는 우리가 기본적인 글로벌 투쟁에 참여해야 한다는 것을 인정해야 합니다. 저로서는 그 또한 어떤 면에서 여전히 진보의 한 형태입니다. 왜냐하면 부정적인 글로벌 상황—고통과 박탈이라는 상황—이 여전히 우리의 상황으로 남아 있기 때문입니다. 하지만 우리가 어떻게 글로벌 부정성이라는 매우 어려운 인식으로부터 긍정적인 무엇을 만들어 낼 수 있을까요? 글로벌 부정성은 사실 악순환을 만드는 것인데요. 거기에는 분리, 민족주의, 성차별주의 등등의 주요 경향들이 있고, 그래서 이런 취약성을 막기 위해 장벽을 세우

려는 경향도 강합니다. 투쟁은 이런 상황을 만든 권력에 대항하는 것이지만, 또한 그와 함께 우리의 내부에서 이러한 권력을 강화하는 일이 일어나기도 합니다. 부인과 도피를 포함해서 말입니다.

버틀러: 저도 동의합니다. 우리는 시선을 돌리지 않으려는 집단적 실천, 혹은 의식적으로나 무의식적으로 파괴에 협력하는 데 저항하는 집단적 실천을 개발해야 합니다. 어떤 의미에서 우리는 그 어느 때보다 필요한 것이 있습니다… 글쎄요, 맞는지는 모르겠지만 어쨌든 말해보겠습니다. 국제 거버넌스, 의료 서비스, 기후 보존, 난민의 권리.

보름스: 경제 규제, 과세 제도도 있고요.

버틀러: 네, 그러니까 사실, 우리가 공통된 취약성이나 선생님이 말씀하신 공통된 부정성에 대해 이야기할 때, 이들의 의미가 서로 상당히 다를 수 있다고 저는 생각합니다. 동시에 이런 차이점을 이용해서 둘 사이의 공통성을 부인할 수는 없습니다. 왜냐하면 우리는 거의 부인할 수 없거나, 어쩌면 부인해야 하는 글로벌 상호의존성에 대해서도 이야기하고 있기 때문입니다. 이러한 상호의존성은 팬데믹, 기후 변화, 강제 이주와 같은 조건에서 (기꺼이 알고자 하는 사람들에게)

자신의 존재를 알립니다. 우리는 상호의존적입니다. 지구의 한 지역에서 일어나는 일이 여기 있는 우리에게 영향을 줍니다. 우리는 중국에서 시작된 바이러스에 대해서 듣게 됩니다. 그다음에 우리가 아는 것은 바이러스가 이탈리아에 퍼졌다는 사실입니다. 아시다시피 그다음은 프랑스, 뉴욕 차례였고요. 저는 지금 샌프란시스코에서 록다운 상태에 있습니다.

보름스: 심지어 아르데슈[2]에도 확산되었죠!

버틀러: 네, 아르데슈에도요. 하지만 이러한 상호의존성에 대해 우리가 이야기할 때 그것이 아, 내가 건강하기 위해 이 사람들에게 의존한다든가, 내가 음식을 먹기 위해 이 사람들에게 의존한다는 식의 친밀한 의존성의 개념이 아니기 때문에 매우 이상합니다. 나와 밀접한 사람이나 구조가 있는 것이 아니지만 여전히 나는 위험에 밀접하게 놓여 있습니다. 저는 제가 처한 위험을 밀접한 현실로 느낍니다. 저는 병에 걸릴 수도 있고, 병에 걸리지 않을 수도 있고, 어떤 도시에서는 숨쉬기가 어렵고, 그 도시에 가지 못할 수도 있습니다. 아니면

---

2   〔옮긴이〕 인구 33만여 명이 사는 프랑스 중남부의 지방으로 주도는 프리바이며 아르데슈 협곡으로 잘 알려져 있다. 프랑스에서 팬데믹 초기에 코로나 감염자가 발생한 몇몇 지역 중의 하나이기도 하다.

그곳에 간다고 해도 산소가 필요합니다. 중국은 사실 팬데믹과 대기오염으로 인해 이중고를 겪고 있습니다. 건강 상황이 대단히 심각합니다.

하지만 저는 친밀한 의존성이라는 개념 없이는 우리가 말하는 상호의존성을 파악하기가 매우 어렵다고 정말 생각합니다. 공급 망에 대한 것은 사실입니다. 어떤 사람은 집을 짓고 싶어도 팬데믹 상황에서 생산이 둔화되어 기본 물품을 구할 수가 없기 때문에 집을 지을 수 없습니다. 노동 조건은 건강 상태와 밀접하게 연결됩니다. 사실 저는 이런 글로벌한 상황에 따라 민족국가 바깥에서, 민족이라는 틀 바깥에서 의료 서비스와 기후 정치에 대해 어떻게 생각해야 할지 생각해보라는 요청을 받은 것이 아닌가 생각합니다. 선생님도 말씀하셨듯이, 저런 국경이 그들이 주장하는 방식대로 보호를 제공하지는 않기 때문입니다. 국경은 사실 글로벌 수준에서 사회적 불평등을 생산함으로써 문제를 더 악화시킵니다. 그래서 저는 글로벌 의료 서비스를 제공하기 위한 글로벌 운동이 생기기를 바랍니다. 그러기 위해서는 이런 질문을 해야 합니다. '그 운동의 기본 규정은 어떤 것인가? 이 지구상의 모든 인간 생명체에게 필요한 것은 무엇인가? 어떻게 하면 누구든지 그것을 얻게 할 수 있을까?' 물론 민족국가뿐만 아니라 의사 협회와 기업의 헬스케어, 유럽연합EU 같은 지역 블록, 어쩌면 특정한 시장에 투자한 미국의 영향권에서도 즉각적으로 거센 저항이 있을 것입니다. 제 말은 다음과 같은 국가의 반응도 상상할 수 있다는 것이지요. "아니요, 아무도 우리에게 무엇을 할지 명할 수 없습니다. 우리는 스스로 결정하는 민족국가입니다." 그렇다고 해도 이것은 자기 결정의 한 형태일 뿐이고, 이런 자기 결정은 지구적인 규모로 생각되는 우리의 상호의존적 상황을 이해하게 되면서 제한을 받아야 합니다. 우리는 단지 우리가 함께하는 행동 속에서만 서로에게 의지하는 것이 아닙니다. 즉 세계 저편의 어떤 사람이 행동하는 방식이 내게 영향을 준다는 것이지요. 물론, 세계의 여러 기업들과 공업 중심지들도 기후를 파괴한 데 대해서 구체적인 책임을 시인해야 합니다. 그런데 우리는 또한 동물 및 다른 생명 형태에도 의존하고 있습니다. 그리고 우리는 더 넓은 생태학적 상호관계 집합의 일부인데, 이것이 우리를 인간 중심의 관점에서 벗어나게 하며, 심지어 정치 거버넌스의 궁극적 형태인 민족국가도 초월해서 나아가게 합니다. 그래서 저는 의료 서비스와 기후 변화에 관한 거버넌스를 확립하려는 어떤 더 글로벌한 규모의 운동이 나타날 것인지, 어쩌면 지금 나타나고 있는 중인지가 정말 궁금합니다. 그 문제를 해결할 다른 방법은 없다고 생각합니다. 난민에 관해서는 글로벌 거버넌스가 있습니다. 서명국들이 항상 위반하고 있기는 하지만, 국제 협약이 있다는 뜻이에요. 유럽연합도 항상 이 협약을 위반하고 있습니다.

보름스: 글로벌 의료 서비스를 만들기 위한 글로벌 운동은 저에게 매우 중요합니다. 그렇기에 선생님이 그 이야기를 하는 것을 들으니 매우 기쁜데요. 이렇게 글로벌이라는 표현을 사용하는 것을 놓고 사람들은 그 규모가 너무 크다는 데 놀랍니다. 저는 그렇게 생각하지 않지만요. 규모가 왜 너무 큰 것일까요? 저는 한 가지 개념을 도입해보고 싶은데요. 선생님이 동의하실지 모르겠지만, 제가 보기에 이것은 젠더 문제 및 살 만함으로 되돌아간다고 여겨집니다. 그 개념은 바로 최소치minimal라는 개념입니다. 저는 팬데믹 기간 동안 온라인 저널 AOC에 「생기적 민주주의의 최소치The Minima of Vital Democracy」라는 논문을 썼습니다.

버틀러: 네, 받아 보았습니다.

보름스: 맞습니다. 그래서 저에게는 글로벌이라는 개념이 최소치라는 개념과 연결되어 있습니다.

버틀러: 네, 더 말씀해주세요.

보름스: 글로벌 국가를 생각한다면 그것은 불가능할 뿐만 아니라, 어떤 면에서는 무섭다고 느껴집니다. 하지만 전 지구적으로 몇몇 기관이 시행하고 있는, 삶을 살기 위한 글로벌 최

소 요건에 대해 생각해본다면 살 만한 삶은 그 자체로 최소한의 개념으로 보이기 때문에 우리는 살 만함을 영위하고 있다고 생각합니다.

버틀러: 네, 정말 그렇습니다. 최소치를 글로벌 수준에서 달성하기가 너무 어렵다는 것이 놀라울 정도입니다.

보름스: 네, 살 만한 삶의 최소치라는 이 개념은 우리 모두의 삶에서 매우 중요합니다. 예를 들어 제가 『젠더 트러블』을 읽어낸 방식은, 즉 이 책의 아이디어는 모든 종류의 삶에 대해서 최소한의 살 만한 삶을 만들자는 것이었습니다.

버틀러: 네. 그렇기를 바랍니다.

보름스: 그리고 이것은 혁명적입니다. 똑같은 것이 글로벌 의료 서비스를 위한 글로벌 운동이라는 아이디어에도 적용될 수 있습니다. 물론 저는 전적으로 동의합니다. 하지만 글로벌 의료 서비스가 지리적 확장이라는 의미에서만 글로벌한 것이 아니라는 점을 말씀드려야겠네요. 즉 글로벌 의료 서비스는 인간의 삶의 모든 차원에 걸쳐 철저히 글로벌해야 합니다. 그리고 건강하게 살고 싶은 사람이라면 누구나 음식과 물 등의 것들이 필요하지만 더 나아가 성생활, 지적인 생활, 도

덕적 생활, 정치적 생활도 영위해야 합니다. 그러니까 우리는 우리 삶의 모든 차원에서 최소한의 인정을 받아야 합니다. 우리의 모든 삶에서요.

버틀러: 맞아요. 잘 표현하셨네요.

보름스: 이것은 저에게 매우 진지한 문제입니다. 예를 들어 프랑스에서, 그리고 다른 곳에서도 마찬가지라고 알고 있고, 아마 미국도 그럴 텐데요. 사람들은 바이러스 팬데믹이 끝나면 심리적 팬데믹이 올 것이라고 두려워합니다. 심리적 팬데믹이란 우울증의 팬데믹이고, 말하자면 심리 건강의 팬데믹이지요. 프랑스에서는 정신 건강과 심리 건강의 차이를 놓고 이런 토론을 했는데요. 아마 선생님도 관심이 갈 것입니다.

버틀러: 네, 저한테도 완전히 흥미롭습니다.

보름스: 그리고 공중 정신 건강 및 심리 건강과 관련한 문제가 있습니다.

버틀러: 네, 좀 더 알고 싶네요.

보름스: 이것은 매우 중요한 문제입니다. 왜냐하면 선생님

께서 글로벌 건강에 대해 말씀하실 때… 실은 세계보건기구 WHO에서 내린 건강의 정의가 꽤 흥미로운데요, 그것은 이렇게 정의되어 있습니다. "단순히 질병이나 허약함의 부재가 아니라, 완전한 신체적, 정신적, 사회적 안녕well-being의 상태를 말한다."

따라서 이런 정의는 매우 글로벌한 것입니다. 이런 정의를 두고 사람들은 비현실적이라고 생각하는 경향이 있지만, 비현실적이지 않습니다. 그것이 비현실적이라면 우리가 행복한 상태에 쉽게 도달하지 못한다는 의미에서일 것입니다. 행복해지기 위해서는 모든 차원에서 최소한의 조건이 필요하다는 것을 우리는 알고 있습니다. 한 가지 종류의 조건만 충족해서는 행복해질 수 없어요. 예컨대 아마르티아 센 Amartya Sen도 그의 역량 접근법capabilities approach 측면에서 이와 크게 다르지 않습니다. 하지만 어쨌든 제가 말씀드리고 싶은 것은 살 만한 삶에 초점을 맞춘 접근 방식에서는, 글로벌한 것이 최소치와 연결되어야 한다는 것입니다.

버틀러: 네. 글쎄요, 아마 그럴지도 모르겠네요. 저는 이해가 가는데요. 재미있는 것은 제가 살 만한 삶에 대해서 글을 쓰면 몇몇 친구들은 이렇게 말합니다. "음, 이건 별로 야심 찬 주제가 아니네, 그렇지? 우리 해방에 대해서 글을 쓰면 어때?"

보름스: 저도 항상 그런 말을 듣습니다! 선생님도 역시 마찬가지군요!

버틀러: 네. 하지만 아시다시피 저는 결코 "그냥 살 만한 삶만 논의할 거야. 그 이상은 안 다룰 거라고"라고 말하지 않아요. 살 만한 삶은 더 많은 모든 것의 전제 조건이잖아요, 그렇죠? 그래서 그것은 우리가 서로에 대한 일반적인 의무라고 이해할 수 있는 것의 자리입니다. 제 말은, 저는 그냥 모두가 행복하다는 것을 우리가 확인할 의무는 없다고 생각해요. 우리는 사람들이 행복해지기를 바랍니다. 하지만 행복은 보장하기 매우 어려운 것입니다. 행복의 조건이 대폭 늘어날 수도 있지만, 사람들은 그것을 실현할 힘이 없어요.

보름스: 그렇죠.

버틀러: 하지만 적어도 살 만함의 조건이 어느 정도 갖춰지지 않으면 아무도 행복해지지 못한다는 것은 확실합니다. 아시다시피 "글로컬리즘glocalism"[3]이라 불리는 개념이 있습니

---

3   〔옮긴이〕지구적인 것과 지역적인 것, 글로벌과 로컬을 결합한 합성어로 지구적 경향과 지역적 특성을 동시에 고려해서, 지구적 문제를 해결하는 동시에 지역의 다양성도 유지하려는 복합적 접근 방식.

다. 선생님이 말씀하시는 바와는 약간 다르지만, 이 개념이 제안하는 것은 글로벌한 것은 특정한 지역적 상황에서 어떻게 작동하는지와 따로 떼어 생각할 수 없다는 것입니다. 네, 그렇습니다. 의료 서비스에 대한 글로벌한 요구와 기후 변화에 맞서고자 하는 몇몇 글로벌한 요구가 있습니다. 난민에 대해서도 아직 부응하지 못한, 이른바 글로벌한 의무가 있다고 말할 수 있습니다. 특히 우크라이나에 대한 전쟁이 발발한 이후로 난민의 수는 매주 급격히 증가하고 있습니다. 하지만 제 생각에 우리가 질문해야 할 것은, 전 세계가 공유하는 상황이 현지의 여러 장소에서 어떻게 작동하는지, 그에 따라 전 세계의 외관이 어떻게 변화하는지입니다. 그러니 제가 국제 거버넌스에 대해 이야기할 때 저는 글로벌 국가를 이야기하는 것이 아닙니다. 그리고 거버넌스와 국가 형성이 분리될 수 있음을 기억하는 것이 중요하다고 봅니다. 그렇다면 국제 거버넌스의 제도적 형태가 무엇인지, 여러 국가를 서명국으로 삼는 협약과 계약의 의미는 무엇인지 묻는 것도 중요합니다만, 국가의 통제를 피하고 이런 공통된 관심사의 영역을 처리하는 초국적 네트워크와 제도들 또한 중요합니다. 예를 들어, 어떤 국가가 난민에 관한 국제 협약인 더블린 조약에 서명한다면 조약대로 시행할 의무가 있습니다. 그러나 바로 그렇게 서명했던 국가들이 난민을 바다로 내몰 때에는 이런 서명이 얼마나 빠르게 공허해지는지 알 수 있습니다. 바로 그런 순간에는 국가가 공허하게 기각한 지구적 책임을 비정부기구와 네트워크가 떠맡게 됩니다.

보름스: 르완다가 영국 정부와 맺은 협정을 보셨나요? 이틀 전쯤인가 영국 망명 신청자들을 그곳으로 이송하기로 하는 협정을 맺었죠.

버틀러: 네. 이송을 더 강화하고 있습니다.

보름스: 믿을 수가 없네요.

버틀러: 그러나 국가가 서명을 할 때 국가는 "우리의 주권은 여기서 끝납니다"라거나 "자, 여기 제가 한 서명이 있습니다. 이것은 이와 관련하여 나는 주권자가 되지 않기로 하고, 이와 관련하여 주권을 양보하거나 제한하는 데 동의 의사를 밝히는 나의 주권적 서명입니다"라고 말하는 것입니다. 기본권을 확보하고 기본적 요구사항을 처리하기 위해 다른 국가와 협력할 목적에서 말입니다. 저, 한나 아렌트가 실제로 국가라는 것이 너무 빈번하게 외교 정책으로 정의되어왔다고, 예를 들어 국경을 수호할 필요성에 의해 정의되어왔다고 말한 대목이 있는데요. 국가의 필요성은 어떤 외교 정책적 사안에서 나타나거나, 외교 정책과 동일한 시공간에 있다고 여겨집니다.

하지만 아렌트는 국가가 단지 일련의 조약과 협약, 계약에 불과하다면 어떻게 될까 하는 질문을 던지며 이에 반박합니다. 그렇게 되면 국가의 주요 관심사는 다른 국가와의 공존이자 공생이 될 것입니다. 그게 바로 아렌트가 민족국가에 대해 염려했던 점이고, 엄격한 국경선은 무국적 상태statelessness를 확산할 뿐이라고 생각한 이유입니다. 민족 정체성에 입각한 국가 개념은 오직 무국적 상태를 만들어낼 뿐이라는 거예요. 국제 정부는 항상 지역 현지의 실행과 조직을 필요로 한다는 것에 집중해본다면 어떤 차이가 나타날지 궁금합니다. 제가 지금 여기서 생각하고 있는 것은 지구적인 것을 지역적 사례에 강제 적용하는 상명하달식 권력 구조가 아니라, 지역적 실행이란 늘 서로 협력하며 일하는 지역 행위자들의 문제이며 그 지역에서 통용되는 방식으로 이루어진 국제 규범 문제이기도 하다는 것을 이해하면서 규범을 정하고 시행 조건까지 정하는 평회의convocation 같은 것입니다. 그런 의미에서 지구적인 것the global과 지역적인 것the local 사이에는 언제나 번역의 실천이 일어나고 있습니다. 지구적인 것과 지역적인 것이라는 두 용어도 그런 교류의 과정에서 변하게 됩니다. 국제 거버넌스가 작동하기 위해서는, 거대 국가mega state가 자유를 제한하거나 원치 않는 생활 방식을 강요할지 모른다는 두려움을 달래줄 방법이 있어야 하기 때문입니다.

저는 최근에 인도주의 연구humanitarian studies 분야의 책을 읽고 있는데요. 학문으로서는 사실 10년밖에 안 된 분야입니다. 물론 그들이 읽은 도서 목록은 훨씬 더 깁니다만 인도주의 연구는 특정한 공동체에 봉사하는 것이 국제기구가 자신의 뜻을 지역 문화에 강제하는 문제가 아니라, 현장에서 또 현지에서 기관agency을 갖고 있는 지역민, 지역 커뮤니티에 참여하면서 동등한 자격으로 분배에도 관여하고 그 지역 세계에 맞는 특정한 종류의 규범을 해석하고 실행하는 지역민과 협업하며 일하는 문제라는 생각에 전념하고 있습니다. 그곳에는 국제 협약과 관련해서 우리가 떠올리는 위계질서를 완화하려는 매우 분명한 노력들이 있습니다. 아마도 이것은 선생님이 말씀하시는 최소치와는 다를 것입니다. 하지만 살 만함을 위한 최소한의 조건이 있다는 데 동의한다면, 그것이 어떻게 시행되고 조직되는가라는 문제는 정치적인 문제가 될 것이고, 거기에는 국가가 개입할 수도, 개입하지 않을 수도 있습니다. 그렇죠? 비정부기구NGO가 개입할 수도, 개입하지 않을 수도 있고요. 하지만 제 생각에 이는 매우 흥미로운 방식으로 글로벌 거버넌스라는 기본적인 질문으로 되돌아가게 하는데요. 글로벌 거버넌스는 기존의 어떤 단위들을 통해서 작동하며, 어떤 종류의 새로운 조직적 구조를 필요로 하는 것일까요?

보름스: 아, 네. 물론 국제적 거버넌스를 지역적 층위에서도

볼 필요가 있다는 선생님의 생각에 동의합니다. 전 지구적으로 공유되는 조건이 지역 환경에서 어떻게 작동하는가라는 선생님의 질문에 대해 논의하기 전에 저는 먼저 기관에 대한 질문으로 돌아가보고자 합니다. 우리가 요청하려고 하는 것은 모두를 위한 최소한의 기관이라고 생각합니다. 물론 제 생각에 최소한의 것조차 보장되지 않는다는 것을 기억해주셔야 합니다. 우리는 최소치를 박탈당할 수 있고, 따라서 최소치가 파괴될 수도 있습니다.

버틀러: 네. 이해합니다. 최소치가 어떻게 묘사되고 기술되는지가 중요해 보입니다. 그리고 어쩌면 그것은 개별적인 "필요"라기보다는 특정 언어나 특정 생활세계에서 삶이 무엇을 필요로 하는가에 대한 복합적 감각일 것입니다. 하지만 "최소치"라고 부르는 것은 다른 많은 정치적, 사회적 개념과 가능성에 있어서 매우 중요합니다.

보름스: 저는 심지어 기관에도 최소한의 조건이 있다고 주장하려 하는데요. 그러다 보니 다시 선생님이 하신 말씀으로 돌아가게 됩니다. 선생님은 살 만한 삶으로는 충분치 않다고 말하는 사람들의 이야기를 하셨고, 그것은 사실입니다. 하지만 그것이 최소한의 기관이라면, 결정적으로 사람들이 스스로 더 나아갈 수 있게 해주기 때문에, 물론 그 자체로 우리를 더

나아가게 만드는 조건임을 알고 있습니다. 이것이 한 가지 요점인데요, 기관의 문제가 엄청나게 중요하기 때문이기도 하고, 선생님이 최소치와 살 만한 삶에 대해 말씀하실 때는 언제나 타인에게 살 만함의 조건을 보장해주는 소위 상명하달식 제도를 생각하기 때문입니다. 하지만 살 만함의 조건은 주체의 삶에 어떤 특정한 조건을 요구하기도 해서, 우리는 다시 이 책의 주제로 돌아오게 되는데요. 제 생각에 우리가 앞서 정의한 것이 삶을 살 만하게 만들고 그 몸이 살아 있는 동안에도 죽음을 가능하게 만드는 최소한의 주체성이라고 보기 때문입니다. 우리는 "죽음보다 나쁜" 상황이나 "삶 속의 죽음"을 분명히 보여주는 상황에 직면할 수 있습니다. 그러니 또 다른 요점은 이것입니다. 말하자면 우리는 어떤 시점에 이르러 죽음으로 돌아가야 합니다. 국가에 대해 말하자면, 저는 지구적인 것의 지역적 실행이라고 기술한 것에다 덧붙이고 싶은 것이 있는데―선생님의 수많은 연구 작업으로 돌아가는 듯하지만―국가의 국경선은 외부에만 있지 않다는 겁니다. 그것은 내부에 있습니다.

버틀러: 네, 맞아요. 그 점을 기술하는 것이 중요합니다.

보름스: 취약성으로부터 자신을 보존하고 싶을 때, 한 인구 집단 안에 하나 혹은 여러 경계선을 만드는 경향이 있습니다.

그러면서 이쪽과 저쪽을 분리하는 것이지요. 그래서 제가 보기에는 전 지구적으로 공유되는 조건은 지역적입니다. 취약성에 있어서의 여러 차이는 한 국가 안에, 한 도시 안에도 있고, 심지어는 우리 이웃이 사는 한 동네 안에도 있기 때문입니다. 저는 제 이웃 중 한 명이 코로나 바이러스에 감염되어 매우 심각한 상황이었다는 것을 이제 막 알게 되었어요. 저는 전혀 몰랐는데요. 그 환자는 근처에 있는 자기 아파트에서 기절해 있었다고 해요. 선생님 동네에도 당뇨병이나 만성질환을 앓는 사람이 있을 것입니다.

버틀러: 동네에 살아도 모른다는 말씀이시죠.

보름스: 알기 어렵습니다.

버틀러: 네, 물질적이든 아니든 효과적인 칸막이가 있기 때문입니다.

보름스: 그리고 이를 통해 정말로 "돌봄care"을 주지 않았다는 것을 깨닫게 되지요.

버틀러: 돌보지 못한 것은 돌봄의 조건이 제대로 마련되지 않아서입니다. 누구도 돌봄의 조건을 마련하는 데 충분히 신

경 쓰지 않았습니다.

보름스: 아시겠지만, 프랑스에는 투석을 받는 사람들을 위한 협회가 있습니다. 르날루Renaloo라고 불리는 매우 강력한 협회예요. 그들이 대변하는 사람들, 투석 중인 사람들, 그들은 록다운 중입니다. 아직도 록다운 중에 있습니다. 그들은 외출을 할 수 없습니다.

버틀러: 해방이 없군요.

보름스: 그러니 국경선은 내부에도 있습니다. 또 다른 사례도 있습니다. 저는 이번 주말에 신문에서 프랑스에 사는 한 흑인 여성의 기고문을 읽었어요. 그는 이렇게 썼습니다. "다음 주 투표에 참여하지 않겠다는 생각, 마린 르펜[4]에게 반대표를 던지지 않겠다는 생각은 백인 남성들의 일종의 사치다. 나는 흑인 여성이라서 그럴 여유가 없다. 그렇게 되면 아주, 아주 구체적인 방식으로 상황이 악화될 것임을 알기 때문이다."

4   〔옮긴이〕Marine Le Pen(1968~): 프랑스 여성 정치인으로 극우 정당인 국민전선, 국민연합을 이끌어 2011년부터 당 대표로서 활동하면서 이민 제한, 유럽연합 탈퇴 등 강경한 입장을 취해왔다. 프랑스 대통령 선거에도 출마했으며, 2017년과 2022년 선거에서 두각을 나타냈다.

버틀러: 와우, "그럴 여유가 없다"고요. 투표하지 않을 여유가 있는 사람이 누군지 묻다니, 네, 매우 흥미롭네요.

보름스: 상황이 좋지는 않습니다만 투표를 하지 않는다면 상황은 더 악화되겠지요. 그리고 백인 남성이라면, 아마 마린 르펜의 집권하에서도 일상이 크게 달라지지 않을 것입니다. 하지만 흑인 청년이라면 경찰이 지키고 서 있는 지하철을 타기가 쉽지 않습니다. 지금은 경찰관이 "정당한 방어 조치를 취했다"고 할 경우 조사를 받습니다만, 르펜은 자기가 대통령이 되면 이런 종류의 정당방위 재판을 없애겠다고 했어요. 르펜은 경찰이 정당방위 행위를 한다는 것을 선험적 명제로 생각하겠다고 했습니다.

버틀러: 오, 세상에.

보름스: 당신이 어떤 행동을 하건 경찰은 총을 쏜다. 이들은 경찰 신분 그 자체이므로 정당방위 행위를 해야 한다. 이런 것을 선험적 명제라고 말할 수는 없지요. 왜냐하면 법의 원칙에 따라 재판을 통해서, 조사위원회에 의해서, 확인을 받고 진술을 받아야 하기 때문입니다. 그래서 저는 마린 르펜의 선언을 이 흑인 여성의 말과 연결해봅니다. "다음 주에 투표하지 않을 의향이시라고요? 백인 남성의 사치네요."

버틀러: 네, 흥미롭습니다.

보름스: 그리고 저는 이것을 지역적인 것, 내부로부터 전 지구적으로 공유되는 조건과 연결해봅니다. 즉 우리는 내부에서 팬데믹을 겪고, 내부에서 기후 변화를 겪으며, 예를 들자면 화학공장 인근에서 산다는 것과 같은 불평등이 있습니다. 저는 노르망디에 집이 있는데, 원자력 발전소에서 그리 멀지 않은 곳입니다. 그런데 그 지역 인구 집단의 한 사람으로서 최근에 방사능으로부터 스스로를 보호하기 위해 요오드 알약을 복용하라는 권고를 받았습니다. 그러니, 이것은 지역적 취약성입니다…

버틀러: 네, 정말이네요!

보름스: …프랑스에 살고 있다면요. 프랑스에는 전국에 걸쳐 원자력 발전소가 있습니다.

버틀러: 네. 유럽 전역에 걸쳐 있지요.

보름스: 그러니 그것이 제가 지역적 환경에서 전 지구적으로 공유되는 조건을 이해하는 방식입니다.

버틀러: 네. 하지만 상대적으로 특권층에 속하는 좁은 삶에서 고개를 들어 주변에서 일어나는 위험이나, 옆집의 토양 문제, 어쩌면 투석 중인 사람을 들여다본다는 것이 흥미롭네요. 이 모든 것은 다른 곳에서도 일어나는 일들의 반복이고 종종 더 강화된 형태로 일어나기도 하는데 말입니다. 그리고 지역적인 것이 좀더 일반적인 것이 되도록, 우리 모두가 숙고해야 할 일반화된 조건의 일부가 되도록 하는 것은, 또한 어떻게 하면 이 일반적인 정책이 예측 가능한 형태의 국가 가부장주의 없이 최고로 잘 구현될 수 있는지를 질문하려는 것이기도 합니다. 국가 가부장주의 없이 국제 거버넌스 구조를 생각하기는 어렵지만, 저는 그렇게 되어야 한다고 생각합니다.

선생님께 한 가지 질문을 드리고 싶은데요, 어쩌면 이 질문이 이 자리의 결론으로 이어질 수도 있겠습니다. 최악의 팬데믹 상황일 때 미국에서는 항상 이렇게 말하는 사람들이 있었습니다. "글쎄, 나는 마스크를 쓰지 않을 거야"라든가, "난 어떤 방역 수칙도 따르지 않을 거야. 이건 개인의 자유 문제니까. 이건 나의 삶이라고."

보름스: 네, 자유는 팬데믹의 표어였지요.

버틀러: 네, 네, 맞아요. 그리고 "이건 나의 삶"이라는 말은 따라서 다른 사람의 삶과 분리된 삶이죠.

보름스: "나의 삶"이라는 거죠. 그러니 "내가 원한다면 죽게 내버려둬."

버틀러: "내가 원한다면 죽게 내버려둬"라고요. 하지만 보통 그들은 자신이 다른 사람 또한 죽게 내버려둘 수 있다는 점을 고려하지 않았어요. 그렇지요? 그들은 취약한 사람들에게 치명적인 바이러스를 퍼뜨릴 수도 있고, 어쩌면 누군가의 할머니가 감염되는 결과를 초래할 수도 있어요. 그래서 제 생각에 개인의 자유라는 발상에는 일종의 죽음 충동이 작용하고 있었던 것 같습니다. 하지만 아시다시피 죽음 충동은 대개 도망자처럼 행동합니다. 죽음처럼 보이지 않는 어떤 다른 것에 붙어서, 심지어는 삶이라는 이름으로 말입니다.

보름스: 바로 그렇습니다.

버틀러: 자, 이것은 나의 삶이라고 할 만한 상황이 여기에 있습니다. 저는 총을 소지할 수 있어요. 내 사유지에 침입한 사람, 심지어 침입할 것이라고 내가 인식하거나 상상하는 사람 중에 내가 원하는 사람은 누구든 죽일 수 있습니다. 내 재산은 나의 개성이며, 내 정당방위의 범위는 나의 재산으로까지 확장됩니다. 이와 유사하게, 사람은 자신의 생명에 대해 이렇게 주장할 수 있습니다. 이건 나의 삶이라고, 나는 공중 보건

이라는 이유로 마스크를 쓰지 않겠다고 말입니다. 그리고 나의 개인적 자유를 더 확장해본다면 이렇게 되겠죠. 나는 모든 사람들을 감염시킬 자유가 있는데, 사람들이 죽는다니 너무 안됐네. 내가 죽는다니 너무 안됐어. 이건 나의 삶이라고. 최소한 나는 자유롭게 죽는 거지. 이 모든 것이 지금과 같은 조건하에서 개인적 자유 속의 죽음 충동이 제게 들리는 방식입니다.

그래서 이 질문은 선생님께 드리는 것이 될 텐데요. 비판적 생기론과 무비판적 생기론을 우리가 구분할 수 있을까요? 삶의 의미에 부합하는 행위, 삶의 원칙에도 부합하는 행위가 일어나는 여러 다양한 방식에 입각해서 말입니다. 왜냐하면 "이건 나의 삶이라고. 나는 원하는 대로 할 거야. 그 때문에 타인이 죽고 내 목숨이 위험해진다고 해도 말이지"라고 말하는 사람들은 아마도 죽음 충동에 휘말려서, 삶의 이름으로 위해를 가하고 있는 것입니다. 어떻게 보면 그들에게는 그렇게 하는 것이 삶처럼 보일 것입니다. 그렇죠? 하지만 이제 삶은 공통된 취약성과, 상호의존성과, 살 만함에 필요한 최소치의 확립과 연결되어 있습니다. 그것이 선생님께서 말씀하신 비판적 생기론의 모든 것이지요. 아마도 삶에 대한 주장이 나타날 수 있는 잘못된 방식을 알 것입니다. 그런 주장에 반박하려면, 제 생각에 우리가 주장해야 하는 것은 삶 자체가 다른 사람들을 희생하면서 얻게 되는 개인적 자유의 관점에서 이해되기보다는, 제가 상호의존성이라고 부르는 것이나, 선생님께서 돌봄의 윤리라고 부르는 것의 관점에서 더 충분히 이해되어야 한다는 것입니다. 글쎄요, 하지만 이 주제에 대해 선생님의 의견을 듣고 싶습니다.

보름스: 음, 감사합니다. 덕분에 우리 대화의 핵심 관심사로 돌아가게 되었는데요, 우리가 지금 하고 있는 대화의 마지막 부분에서 이 문제를 피하지 않는 것이 매우 중요해 보입니다. 물론 삶이 무엇인지는 잘 모릅니다. 비판적 생기론의 첫번째 제스처는 삶에서 모든 독립적 개념을 비판하는 것입니다. 저는 삶을 죽음에 반대되는 것으로만 알고 있습니다. 그리고 비판적 생기론의 제스처는 적어도 두 가지 의미에서 비판적입니다. 첫째로 삶은 언제나 다른 무언가와 대립하는 것으로 이해되어야 합니다(다시 말해 삶은 그에 반대되는 것과 비판적으로 구별되어야 합니다). 두번째로 이런 대립을 넘어서는 모든 경향은 비판적으로 심문되어야 합니다. 모든 비판 철학에서와 마찬가지로, 특정 한계 너머에 있는 것은 말하자면 망상delirium입니다. 그래서 삶과 죽음 사이의 일종의 대립―삶은 삶의 중단과 반대되고, 삶의 부정과 반대되고, 삶의 부정적 극단과 반대된다고 보는―을 넘어서 나아간다는 것은, 칸트가 『순수이성비판』에서 말했듯이 초월적 변증법이나 환영illusion을 향해 나아간다는 의미가 됩니다. 그래서 죽음의 대

립항 없이 삶을 생각하는 순간, 여러분은 환영의 영역에 있게 됩니다. 삶에 대한 비판적 개념은 결코 "누가 신경이나 쓰겠어?"라는 의미로, 즉 죽음 충동과 연관된다는 의미에서 "내가 죽는다니 너무 안됐어"라고 말하게 하지 않습니다.

버틀러: 맞아요. 동의합니다.

보름스: 그리고 우리가 내부의 적인 죽음에 맞서 살아간다는 점에서, 죽음 충동은 비판적 삶의 또 다른 차원입니다. 즉 죽음은 외부의 위험일 뿐만 아니라 내부의 적이기도 하지요. 그래서 우리는 심지어 삶의 이름으로 우리를 죽음으로 몰아가는 어떤 것에 대항해서, 살아가는 것의 이런 내적 기준과 씨름하기를 결코 멈추지 않습니다. 물론 사랑의 종교가 증오에 맞서는 내적인 싸움이 없이 사랑에 관해서만 말한다면, 증오로 가득한 것이 될 수 있다는 것 또한 우리는 알고 있습니다. 아시다시피, 증오 없는 순수한 사랑이 없듯이, 죽음을 향한 내적 충동이 없는 삶도 없는 것이지요?

버틀러: 네, 하지만 때로는 죽음을 향한 내적 충동 자체가 삶이라 주장하지요.

보름스: 맞아요. 그리고 증오에 대한 내적 충동이 스스로를

사랑이라 부르기도 합니다. 사랑이라는 이름으로 증오한다는 것은, 반대항이 없는 사랑의 이름으로 증오를 하기 때문입니다. 반대항이 없는 사랑은 어떤 면에서 우리를 증오로 이끌기 때문입니다.

버틀러: 네. 무슨 말씀을 하시는지 알겠습니다. 하지만 직관적으로 알아듣기 힘든 사람도 있겠습니다.

보름스: 그리고 반대항들을 잊는 순간, 추상적인 통일성에 빠지게 되는데, 그것은 파괴적입니다. 그리고 우리는 사람이 죽었을 때 "너무 안됐어*too bad*"—"누가 신경이나 쓰겠어?"라는 의미에서의 "너무 안됐어"—라고 말하지 않습니다. 왜냐하면 사람들이 죽으면 그냥 안된 거지 "너무 안됐어"라는 의미에서 안된 건 아니거든요. 이게 참 흥미로운 표현인데요. 여러분이 뭔가 안됐다고 말은 하지만 실제로는 상황을 중화시키는 말이기 때문입니다. 아니, 저는 정말로 우리가 삶과 죽음을 어떤 궁극적 기준으로 구분한다고 생각합니다. 저는 지난주에 선거와 관련해서 『리베라시옹*Libération*』에 기고문을 한 편 실었습니다. 이 글에서 저는 안락사 등 궁극적인 임종 선택과 함께 아도르노에서 데리다, 리오타르까지 이어지는 "죽음보다 나쁜"이라는 개념을 비교했습니다. 제가 보기에는 데리다와 리오타르가 "죽음보다 나쁜" 상황이 있다고

말할 때, 그런 비교는 죽음을 "죽음보다 나쁜" 것과 대립된 것으로 봄으로써 상대적으로 좋은 것으로 만들 수 있습니다.

그것은 죽음을 나쁜 것과 좋은 것을 구분하기 위한 기준으로 약화시키지 않습니다. 그저 죽음보다 더 나쁠 수 있는 상황이 있다는 말이며, 그것은 죽는 것보다 더 나쁜 상황에서도 죽음이 여전히 기준이 된다는 의미입니다. 제가 무슨 뜻으로 하는 말인지 아시겠지요? 그래서 이것은 죽음의 문제입니다. 피할 수도 있었을 죽음이 일어나도록 허용하는 순간, 그게 여러분의 죽음이건 아니면 누군가 다른 사람의 죽음이건, 그것은 삶의 의미에 전반적으로 모순이 됩니다. 저는 그것이 일반적인 배신과도 같은 것이라 생각합니다… 하지만 그것은 말하자면 패배이기도 한 전반적인 침해입니다. 그러니 선생님이 애도의 슬픔이나 애도 가능성이라고 부른 것을 우리가 어떻게 재도입해볼 수 있을까요? 어떤 죽음이 표시되지 않거나 전혀 죽음으로 간주되지 않을 때, 삶의 상실이 그 삶에 대한 애도를 만들지 못한다는 것을 인정하게 될 때, 우리는 슬픔이나 애도 가능성을 삶의 기준으로 재도입합니다. 즉 삶은 애도 가능한 것으로 확립되어야 한다는 기준이지요. 그리고 그것은… 제가 보기에 선생님이 애도 가능성을 연구할 때 그것은 문자 그대로의 개념입니다. 은유가 아닌 것이죠.

버틀러: 네, 좀더 말씀해주시겠어요?

보름스: 생명을 윤리적, 정치적 관계의 맥락에 놓고 있다는 점에서 비판적 생기론의 접근 방식인데요, 그게 생명이 있어야 할 본연의 장소이기도 하고요.

버틀러: 본연의 장소라는 것은 생명이 속한 곳임을 의미하죠.

보름스: 상실과 슬픔도요… 슬픔은 전형적으로 나타나는 비판적 생기론의 경험입니다. 지금 슬퍼하고 있다면 당신은 죽은 게 아닙니다. 다른 누군가가 죽은 것이지요.

버틀러: 맞아요. 슬픔은 살아 있는 자의 특권입니다.

보름스: 그리고 한 사람의 죽음은 다른 사람의 삶에 영향을 미칩니다. 하지만 물론 애도의 슬픔은 탄생의 반대편에, 새로운 생명을 환대하는 것의 반대편에 있습니다. 탄생 또한 한 생명이 또 다른 생명에 영향을 미치는 상황입니다. 하지만 탄생은 슬픔과 반대편에 있을 수 있고 반대편에 있어야 하며, 일종의 환대일 수 있고 환대여야 합니다. 그래서 저는 선생님이 이 토론에 죽음 충동을 다시 끌고 오는 것이 옳다고 생각합니다. 아직 개인적 자유에 대해서는 논의하지 않았지만 그것도 물론 마찬가지입니다. 자유의 이름으로 다른 모든 것을 파괴할 수 있는 반면, 자유가 진짜로 느껴지는 것은 자

유가 위협을 받을 때입니다. 자유에 대해서는 위험성이 있는데, 선생님이 말씀하신 자유의 개념은 나의 삶과 일반적인 삶을 누군가의 소유물로 취급하기 때문입니다. 반면 삶이라는 것은… 삶이 무엇인지 저는 잘 모르겠는데요. 살아 있는 것을 돌본다는 게 어떤 것인지는 압니다. 하지만 내가 어떻게 내 삶을 소유하는지는 모르겠습니다. 내 소유의 삶인데 말이죠.

버틀러: 맞습니다, 맞아요.

보름스: "이건 나의 삶"이라고 말하는 것은 마치 삶이라는 게 필요할 때 사용할 수도 있고 또 처분할 수 있는 재화, 어떤 객관적인 재화인 양 여기는 것이죠. 그렇다면 그것은 어디에 있죠? 당신의 삶을 내게 보여주세요!

버틀러: 하! 네, 맞습니다.

보름스: 나는 내 삶을 가지고 뭔가를 하고 싶습니다. 좋아요. 그런데 그건 어디에 있죠? 삶을 꾸미고, 삶을 만들라니, 그럴 수는 없어요! 삶은 이야기입니다… "이건 나의 삶"이라고 말할 때, 그것은 어떤 이야기에 대한 비판적 회고와 가깝게 여겨집니다. "이건 나의 삶이라고. 어리석음, 실수, 연약함, 기쁨이 어우러진 나의 삶." 선생님은 "이건 나의 삶이라고. 이

삶으로 나는 원하는 건 뭐든지 할 수 있어"라고 말하기보다
"이건 나의 삶이라고. 나는 이 삶에 책임을 져야 해"라고 말
씀하시겠지요. 나는 내 삶을 소유하는 것이 아니라 내 삶에
책임이 있는 것입니다.

버틀러: 네, 그래서 삶은 소유와 재산을 넘어서는 것입니다.
하지만 선생님은 어떤 식으로든 이런 범주들에서 삶을 해방
시켜야 하겠죠. 아마 그것이 선생님의 연구가 하려는 일일 것
입니다. 프레데리크 선생님은 한 사람의 삶을 그 사람의 재
산이라고 생각하고 자신이 원하는 대로 마음껏 쓸 수 있다고
생각하는 데 기초한, 사유재산과 개인주의적 자유로부터 삶
을 해방시켜야 할 것입니다. 그리고 어쩌면 선생님이 우리에
게 함께 나아가자고 요청하고 있는 방향, 그리고 저도 동의
하는 방향은 나의 삶, 너의 삶, 우리의 삶, 타인들의 삶에 대
한 더 관계적인 이해이고, 나아가 파괴와 죽음의 가능성이 바
로 우리 눈앞에 놓여 있는 것으로, 살아 있는 삶을 정의하는
투쟁으로 이해하지 않고는 삶은 결코 살 수도 없고, 잘 살 수
도 없다는 점을 염두에 두어야 한다는 점입니다. 우리가 삶에
대해서 생각하면서 나의 것이든, 우리의 것이든, 다른 누구의
것이든 죽음과 파괴를 한쪽으로 밀어둘 수는 없습니다. 우리
는 죽음에 대한 심리적 부인에 입각해서 삶에 대한 생각을 발
전시킬 수 없습니다. 우리는 자기 자신만이 아니라 모두에게

살 만함의 조건을 확립하기 위해서 죽음의 힘에 반대해야 합니다.

보름스: 맞아요. 그것은 마치 삶을 살아가지 못하게 하는 것을 폐기하지 않으면서, 삶의 개념에 대한 몇몇 용례를 비판하는 것과 같습니다.

버틀러: 맞아요.

보름스: 살아 있지 않다면 그럴 수가 없지요.

버틀러: 오, 그럴 수 없고말고요. 그래서도 안 되고요.

보름스: 누가 그럴 수 있겠습니까?

파리, 2022년 4월

지은이 소개

주디스 버틀러Judith Butler는 캘리포니아 대학교 버클리 캠퍼스의 비교문학과 석좌교수이다. 지은 책으로『지금은 대체 어떤 세계인가: 팬데믹 현상학』『비폭력의 힘』『연대하는 신체들과 거리의 정치』『위태로운 삶: 애도와 폭력의 권력』『주체의 감각』등이 있다.

프레데리크 보름스Frédéric Worms는 파리 고등사범학교 현대철학 교수이며 현재 이 학교의 교장을 맡고 있다. 비판적 생기론과 돌봄의 윤리를 연구하고 있으며, 현대 프랑스 철학 국제연구센터를 이끌고 있다. 지은 책으로『돌봄의 철학*La Philosophie du Soin*』『돌봄과 정치*Soin et Politique*』등이 있다.

아르토 샤르팡티에Arto Charpentier는 파리 고등사범학교의 철학 박사 과정생이다. 학위 논문에서 현대 사회철학에 나타난 자연주의와 사회비판과 관련된 논쟁을 탐구했다.

로르 바리야스Laure Barillas는 뉴햄프셔 대학교에서 철학과 프랑스어를 담당하는 조교수이다. 블라디미르 장켈레비치의

작품을 전공으로 하며, 돌봄과 페미니즘에 역점을 두고 현대
의 윤리-정치적 문제를 연구하고 있다.

옮긴이 해제

우리 모두에게 살 만한 삶을

2023년 출간된 『살 만한 삶과 살 만하지 않은 삶』은 프랑스의 비판적 생기론자 프레데리크 보름스와 미국의 저명한 퀴어 이론가이자 정치윤리학자인 주디스 버틀러가 생명의 본질과 삶의 조건에 대해 탐구한 철학적 대화이다. 이 책은 삶을 살 만하게 만들고, 또 살 만하지 않게 만드는 것이 무엇인지를 놓고 두 사상가가 이어온 대화의 결실이다. 이들은 새로운 정치의 규범이 될 확고한 주장을 하고 있는데, 그것은 바로 모두에게 '살 만한livable' 삶의 조건을 확보하라는 주장이다.

살 만한 삶이 기본적인 생존과 번영의 조건이 충족되면서 기쁨과 행복을 추구할 수 있는 삶이라면, 살 만하지 않은 삶은 생명을 존속하게 하는 필수적 자원이 부족해서 극심한 박탈감을 느끼면서도 살아 있는 존재의 모순적 상황일 수 있다. 이것은 책에 실린 첫번째 대화가 있었던 2018년 당시 입국 허가를 받지 못해 파리 북부 국경지대 캠프에서 열악한 환경을 견디며 살고 있던 2천 명 가까운 난민들의 비참한 삶의 모습이기도 하고, 나치 통치하에서 홀로코스트를 겪었던 유대인 생환자들이 서술하는 고통스러운 삶의 모습이기도 하다. 살 만한 삶과 살 만하지 않은 삶을 나누는 기준은 죽음에 맞서는 생명의 객관적인 생존 조건 확보와도 관련되지만, 특정 인구 집단의 생명을 불평등하게 대하는 사회적이고 정치적인 구조에 맞서는 인정 투쟁과도 관련된다.

프레데리크 보름스는 '비판적 생기론'을 중심으로 필수적 생존 요건과 돌봄의 윤리를 강조한다. 그는 의식주의 기본 요건 외에도 '돌봄'이 살 수 있는 삶을 유지하는 데 필수적이라고 보고 정치철학과 사회철학은 돌봄이 가능한 조건을 우선적으로 마련해야 한다고 주장한다. 보름스는 베르그송과 캉길렘 같은 사상가들의 영향을 받아, 삶이 본질적으로 생명력을 지원하는 조건과 위협하는 조건 사이에서 양극화되어 있다고 주장한다. 그에 따르면 삶과 죽음 사이, 애착과 침해 사이, 돌봄과 권력 사이의 양극성 속에서 삶과 애착과 돌봄에 찬성하고, 죽음과 침해와 권력에 저항해야 한다. 특히 돌봄은 삶을 유지하는 데 중심이 되는 정치적이고 윤리적인 의무로 간주된다.

보름스가 특별히 강조하는 '비판적 생기론'은 그가 발전시킨 철학적 개념으로 생명 자체의 내재적 규범과 조건을 비판적으로 탐구하는 접근 방식이다. 생명은 단순한 생물학적 현상만이 아니라 규범적 특성을 가지며, 생명 스스로를 유지하고 발전시키기 위해 필요한 모든 연관된 조건을 함께 갖추려는 내재적 힘이 있다. 이러한 내재적 규범성은 생명에 유리한 환경을 선호하고 불리한 환경을 피하려는 경향을 보인다. 주체의 생명이 유지되고 발전하려면 필수적 생존 요건 외에도 돌봄, 관계, 사회적 조건이 충족되어야 한다.

주디스 버틀러는 삶의 실존적 '위태로움'이나 사회적으로 차등 할당된 '위태성' 개념을 중심으로, 존재론적으로 취약한 생명이 정치적 불평등으로 인해 더 많이 고통받을 가능성에 대해 논의한다. 그가 보기에는 사회적, 정치적 차별을 받는 특정한 인구 집단이 보통 사람보다 더 많이 살 만하지 않은 조건에 노출된다. 버틀러는 인간의 몸의 의존성과 관계의 상호성을 사회적 존재론의 기반으로 본다. 인간의 생존과 번영에는 인간이 지속되고 활동할 조건을 제공하는 여러 다른 관계들이 필요한데, 이런 조건과 관계의 불평등을 해결하기 위해서는 새로운 규범을 가진 정치 담론, 새로운 윤리-정치적 의무가 요구된다.

버틀러는 취약한 몸의 존재가 취약성을 기반으로 연대해 생명력을 강화하거나, 기득권층의 삶을 강화하기 위해 소수자의 사회적, 정치적 죽음을 외면하는 죽음 충동을 양가성의 관점에서 논의한다. 인간은 태어나서 성장하고 죽을 때까지 항상 자족적일 수는 없는 몸의 존재다. 다치고 병들고 늙는 몸을 가진 인간은 서로 의존하고 서로 관계 맺으며 사는 상호의존과 상호관계의 특징을 지닌다. 그리고 이런 상호의존과 상호관계 속에 돌봄은 중요한 생명의 자원이 된다. 돌봄에도 주체의 삶을 더 살기 좋게 만들 수도 있고 더 살기 힘들게 만들 수도 있는 양가적 힘이 있다.

살 만한 삶과 살 만하지 않은 삶을 어떻게 이해할 수 있을까? 보름스는 생명 그 자체의 '내재적 규범성'을 강조하며, 음식, 물, 돌봄, 안전처럼 생명이 유지되기 위해 필요한 기본적 조건이 충족되지 않으면 그 삶은 살 만하지 않은 것이라고 이해한다. 즉 생명 자체를 존속하고 유지하게 하는 객관적 조건을 중시하면서, 그런 조건이 충족되지 않은 것은 살 만하지 않은 삶이고 살 만한 삶의 반대편에 있는 대립물로 보는 것이다. 살 만하지 않은 삶을 사는 주체는 자신의 삶을 경험하거나 기술할 수 없는 존재의 위기 상태에 놓인다. 생명의 근본적 조건이 파괴된 주체는 살 만하지 않은 삶을 인식도 기술도 할 수 없으므로 이런 삶은 주체의 삶이 아니다.

반면 버틀러는 삶이 살 만한지 살 만하지 않은지를 주체가 느끼는 주관적 경험에 따라 판단하며, 극도로 어려운 환경에서도 그 삶을 어떻게 경험하고 서술하는지를 중시한다. 버틀러에게는 생명 자체의 규범성보다는 사회적 맥락에서의 상호주체성이 중요하며, 삶과 죽음을 명확히 구분하기보다는 살 만하지 않은 상태에서도 여전히 살아가는 이중적 상황에 놓인 주체의 표현과 활동에 주목한다. 버틀러에게 살 만하지 않은 삶은 그 삶이 파괴되거나 극도로 손상되어 있는데도 어떻게든 살아 있는 삶이다. 주체는 극심한 고통과 비참함을 겪어도 그 경험을 표현하고 증언할 수 있기 때문에, 살 만하지 않은 삶을 살면서 그 삶을 드러낼 수 있다.

보름스는 살 만한 삶과 살 만하지 않은 삶을 구분하는 기준에 대해 세 가지 가설을 검토하는데, 첫번째는 경험에 입각한 현상학적 기준이고, 두번째는 삶의 주체적 자아의 유무에 달린 기준이며, 세번째는 생명의 근본적 조건이라는 기준이다. 그는 첫번째 기준을 완전히 부정하고, 두번째 기준은 일부 인정하며, 세번째 기준을 전적으로 수용한다. 현상학적 구분은 삶이 살 만한지 살 만하지 않은지를 개인의 주관적 경험과 묘사에 따라 구분하는 접근 방식이다. 보름스는 이 방식이 원칙적으로 불가능하다고 보는데, 진정으로 살 만하지 않은 삶은 살 수 없는 것이므로 그것을 경험하고 묘사하는 것도 불가능하다고 여기기 때문이다. 어떤 사람이 자기 삶을 살 만하지 않다고 묘사할 수 있다면 그 삶은 완전히 살 만하지 않은 게 아니라는 것이다. 두번째 기준은 삶이 누군가의 것이어야 하고 그 삶을 살아가는 주체가 있어야 한다고 보는 것인데, 보름스는 이것만으로는 충분하지 않으므로 더 근본적인 생명의 조건을 고려해야 한다고 주장한다. 세번째 기준이 바로 생명 자체의 근본적 조건을 기준으로 삼는 것으로서 보름스는 이 접근 방식이 가장 중요하다고 생각한다. 보름스에게 살 만한 삶을 구분하는 기준은 그 삶의 주체가 있는가라는 주체성을 기반으로 해서 비판적 생기론의 기준을 충족하는가에 달려 있다. 삶이 살 만한 것이 되려면 주체가 있어야 하고 그 주체의 삶이 객관적인 관점에서 생물학적, 심리적, 사회적 조건을 모두 충족해야 한다.

버틀러의 입장은 조금 다를 수 있다. 버틀러는 현상학적 이해와 상호주체성의 관점을 중시하는 것으로 보인다. 현상학은 사람들이 경험하는 것과 그 경험의 의미를 탐구하는 것으로 세상을 객관적으로 바라보는 것이 아니라, 각자 자신의 경험을 주관적으로 어떻게 의식하고 그 경험에서 어떤 의미를 끌어내는지를 중요하게 생각한다. 주관적 경험을 통해 삶의 가치를 판단하거나 세상을 이해할 수 있다고 보는 것이다. 버틀러는 고통스러운 경험을 가진 사람들이 그 경험을 어떻게 표현하고 서술하는지를 중요하게 여기므로, 고통을 겪고 살아낸 홀로코스트 생환자들이 공백이나 간극이 있는 글쓰기를 통해 자신들의 극한 상황을 표현하는 것도 살 만하지 않은 삶을 나타내는 기준이 될 수 있다고 본다. 상호주체성의 관점에서 보면 한 사람의 삶은 다른 사람과의 관계 속에서 정의되므로 어떤 삶이 살 만한지를 판단할 때 그 삶이 사회적으로 인정받고 보호받을 수 있는지가 중요하다. 내 삶을 내가 생각하고 느끼는 만큼, 타인에게 인정받는 것도 중요하며 사회에서 주체로 인정받지 않는다면 그 삶은 살 만하지 않은 것이 될 수 있다. 따라서 버틀러에게 살 만한 삶과 살 만하지 않은 삶을 구분하는 기준은 경험을 통한 현상학적인 것이고, 서로의 관계 속에 인정을 요구하는 상호주체적인 것이라 할 수 있다.

정리하자면 보름스는 생명을 유지하고 발전시킬 명확한 생명의 조건이 충족되지 않으면 그 삶은 살 만하지 않은 것으로 간주하지만, 버틀러는 그러한 조건이 충족되지 않더라도 사람들이 여전히 살아가고 있으며 그런 그들의 삶도 여전히 중요한 의미를 갖는다고 본다. 보름스는 살 만하지 않은 삶은 주체가 경험하고 표현하는 것이 불가능하다고 보지만 버틀러는 극한 고통의 상황에서도 사람들이 자신의 경험을 표현할 수 있다고 파악한다. 보름스가 살 만한 삶의 객관적인 조건을 중시하고 살 만한 삶과 살 만하지 않은 삶 사이의 명확한 경계를 유지하려 한다면, 버틀러는 삶과 죽음이 공존하는 이중적 상황에서도 그 사람이 사회적으로 어떻게 인정되고 보호받는지가 두 삶을 구분하는 중요한 기준이 될 수 있다고 본다.

보름스의 '양극성'과 버틀러의 '양가성'은 다르지만 서로 겹친다. 보름스에게 삶과 죽음은 뚜렷하게 대립되는 것, 즉 서로 완전히 반대되는 양극성의 것이다. 그에게 삶은 생명을 유지하고 활력이 있는 상태인 반면, 죽음은 생명의 끝, 즉 완전한 종말을 의미한다. 여기서 생명의 양극성은 긍정적인 생명력과 이를 위협하는 부정적 파괴의 요소 사이에 있는 대립을 말한다. 반면, 버틀러는 삶과 죽음이 서로 대립되는 것이 아니라, 함께 존재하거나 서로 겹치는 양가적인 것이라고 본다. 그는 생명 안에 이미 죽음의 가능성이 포함되어 있으며, 우리가 살아가면서도 죽음의 현실과 그 위협을 항상 함께 끌어안고 있다는 점을 강조한다. 우리는 살아가는 동안에도 불안정성과 위태로움, 삶을 위협하는 죽음의 요소들을 끊임없이 경험하며, 이는 삶과 동시에 함께 있다. 이런 모순은 삶의 양극성이기도 하고 양가성이기도 하다.

살 만한 삶을 확보하기 위해서는 삶을 살 만하지 않게 만드는 것에 대한 비판 활동이 요구된다. 버틀러가 특정 집단을 배제하고 불안정하게 만드는 사회적 규범을 비판하고 젠더, 인종, 성적 지향성, 민족, 국가 등을 기준으로 이루어지는 특정 집단의 배제와 그로 인한 삶의 위태로움을 비판한다면, 보름스는 생명의 규범성에 기초해 생명의 지속에 위협이 되는 모든 것을 비판하는데 특히 돌봄이 부족하거나 왜곡될 때 발생하는 삶의 위기를 주목한다. 다시 말해 불평등에 저항하는 외부적인 사회정치적 경향과 운동을 중요하게 여기는 버틀러는 정치적 실천의 면에서 위태로운 삶의 조건을 개선하고 사회적 불평등과 권력의 역학을 변화시키기 위한 저항을 강조하고 있다 하겠다. 반면 생명 유지의 근본적 조건이자 내재적 조건, 즉 생명의 규범성과 그 유지에 필요한 사회적, 생물학적, 환경적 요건을 중시하는 보름스는 생명을 돌보고 유지하는 정치적 실천을 기반으로 생명 내적인 죽음에 대한 저항을 강조한다.

　몸에 대한 사회정치학에서 시작한 버틀러와 비판적 생기론이라는 생명철학에서 시작한 보름스는 서로 출발점이 다르지만 둘 다 살아 있는 사람들의 사회철학에 입각한 민주주의를 지지한다. 모두에게 살 만한 삶의 조건과 제도를 보장하려면 상호의존에 입각한 대중적 조직이 필요하고 이 조직은 생명을 최우선 원칙으로 하는 민주주의 체제일 것이다. 모든 생명은 위태롭지만 어떤 생명은 다른 생명보다 더 위태롭다. 생명에 동등한 존엄성이 주어지고 생명의 생존과 번영에 동등한 지원이 주어지는 체제인 민주주의는 위태로움과 취약성이라는 공통의 토대에서 모두가 똑같이 살 만한 세계를 위해 생명 간 연대의 조건을 확장하려는 평등을 향한 노력이다. 두 학자에게 있어 인간에게 살 만한 삶을 보장하는 것은 단순히 정치적이거나 사회적인 목표가 아니라 인간의 상호의존성에서 비롯된 윤리적 의무이자 책임이다.

이 책에는 '살 만한 삶과 살 만하지 않은 삶'이라는 제목의 첫번째 대담(2018년)과 후기라는 제목의 두번째 대담(2022년)이 실려 있다. 첫번째 대담이 두 철학자의 기본 개념과 입장의 차이를 말하고 있다면, 두번째 대담은 반성적 논의와 심화된 이해를 이어간다고 할 수 있다. 다시 말해 첫번째 대담에서는 삶과 죽음의 경계에 대한 이해와 삶의 본질에 대한 접근 방식의 차이가 부각된다. 앞서 살펴보았듯 보름스는 생명의 근본적 조건이 충족되지 않으면 삶이 더 이상 유지될 수 없다는 입장에서 생명의 내재적 규범성을 강조하고, 버틀러는 사회적 맥락에서 주체의 주관적 경험이 상호주체적 관계 속에서 어떤 인정과 의미를 부여받는지에 더 주목한다. 두번째 대담은 이런 철학적 입장 차이를 재검토하고 합의를 이끌어내려는 후속 논의의 장으로 마련되었다. 내재적 생명이건 사회적 인정이건 현실의 구체적 사안을 중심으로 삶의 존엄성과 사회적 맥락의 중요성에 대해 더욱 통합적으로 논의하기 위함이다. 앞선 대담에서 다루었던 이론적 개념을 바탕으로 현실의 문제를 어떻게 이해하고 해결할 수 있을지 이론과 현실을 종합해나간다고도 할 수 있다. 그래서 후속 대담은 공통의 입장에서 구체적인 사회적 맥락에 주목한다. 난민 행동주의나 정치적 투표권의 문제, 팬데믹으로 인한 사회적 불평등, 글로벌 의료 서비스의 확대 등 구체적 사안을 통해 현실적 해결책을 모색한다.

사회적 맥락에서 논의되는 두번째 대담에서는 돌봄의 중요성이 더 구체적으로 논의된다. 돌봄은 단순히 생명 유지의 조건을 넘어 사회적 인정과 주체성의 형성에 필수적이라는 것을 둘 다 인정하게 되고 이제 돌봄은 삶의 존엄성을 보장하는 중요한 도구가 된다. 그에 따라 생명의 내재적 규범성과 상호주체적 관계성이라는 차이가 서로 보완되면서, 생명의 물리적인 복합 조건이 충족되어야 생명이 보장되는 것은 맞지만 동시에 사회적 인정과 보호도 필수적이라는 새로운 이해가 열린다.

보름스와 버틀러는 서로 다른 방향에서 출발했지만, 이들 모두에게 생명과 삶은 구체적 맥락에서 유지해야 할 중대한 요소이다. 비판적 생기론이라는 철학적 입장에서 생명에 접근한 보름스와, 삶을 위태롭게 하고 삶의 가능성을 제한하는 사회정치적 규범을 비판하면서 삶에 접근한 버틀러는 삶이 놓인 구체적 현실의 정치권력이라는 주제로 수렴되면서 '몸의 사회적 존재론'을 펼친다. 사회에서 생명으로, 또 생명에서 사회로 이행한 두 철학자가 만난 지점은 생명의 기반인 '몸'이 놓인 사회적 상황이다.

버틀러는 삶을 위태롭고 살 만하지 않게 만드는 규범을 비판하고, 보름스는 살 만하지 않은 삶의 고난을 비판적 생기론의 방식으로 풀어간다. 버틀러와 보름스는 인간이 본질적으로 취약하며, 이러한 인식이 정치적, 윤리적 실천의 출발점이 되어야 한다는 점에서 취약성에 기반한 연대에 동의한다. 돌봄이 정치적 요구와 연결된다고 보는 버틀러와 돌봄이 생명의 유지에 필수적이라고 보는 보름스는 살 만한 삶에 돌봄과 보호가 필요하고 매우 중요하다는 것을 인정한다. 이들은 진정한 민주주의가 모든 사람에게 '살 만한' 삶의 조건을 보장해야 한다고 주장하며, 인간의 기본적인 생명과 존엄성을 지키는 역할을 해야 한다고 본다.

이렇듯 이 책은 인간의 삶이 어떤 조건에서 살 만해지고, 어떤 조건에서 살 만하지 않게 되는지를 철학적으로 탐구하며, 오늘날 우리가 직면하고 있는 사회적, 정치적 문제들을 다루면서 모든 사람이 살 만한 삶을 영위할 수 있게 하는 사회적 조건을 어떻게 만들어갈 수 있을지에 대한 깊은 통찰을 제공한다. 단순한 생존이 아니라 인간답게 살 만한 삶을 영위하는 데 필요한 조건들을 탐구하고, 생존의 조건이 어떻게 사회적이고 정치적인 맥락에서 구성되고 위협받는지를 분석한다. 이 대화는 철학과 문화 비평, 생명철학, 신유물론, 비판 이론의 관점을 아우르고 있지만 강제수용소, 환경 독성, 기후 변화, 강제 이주, 코로나 팬데믹 등 살 만하지 않은 삶의 유형이 드러나는 우리 시대의 고통과 위태로운 삶의 구체적 문제를 직접 대면하고 있다. 비판적 엄밀함, 상호 존중, 따뜻한 유머가 들어 있는 버틀러와 보름스의 대화를 통해 모두에게 지원과 돌봄이 주어지고 생명 간 연대의 조건이 확장되는, 모두가 살 만한 세계를 상상해볼 수 있다. 우리는 더 살 만한 삶, 더 살기 좋은 세상을 만들기 위한 방향으로 한 걸음 더 나아갈 수 있으며, 이 책은 그 과정에서 중요한 길잡이가 될 것이다.